LATINUM

Lehrgang für den späterbeginnenden Lateinunterricht

von Helmut Schlüter und Kurt Steinicke

Vandenhoeck & Ruprecht in Göttingen

ISBN 3-525-71400-9

Neudruck 1998

© 1998, 1992, Vandenhoeck & Ruprecht in Göttingen.
Printed in Germany. Alle Rechte vorbehalten. Das Werk einschließlich aller seiner Teile ist urheberrechtlich geschützt. Jede Verwertung außerhalb der engen Grenzen des Urheberrechtsgesetzes ist ohne Zustimmung des Verlages unzulässig und strafbar. Das gilt insbesondere für Vervielfältigungen, Übersetzungen, Mikroverfilmungen und die Einspeicherung und Verarbeitung in elektronischen Systemen.
Gesamtherstellung: Hubert & Co., Göttingen

Zur Einführung

LATINUM ist ein Lehrgang für den späterbeginnenden Lateinunterricht. Es kann in Klasse 9, in Klasse 11 oder in der Erwachsenenbildung, z. B. an Universitäten, Volkshochschulen oder Abendgymnasien eingesetzt werden.
LATINUM führt in 28 Lektionen in die lateinische Sprache ein mit dem Ziel der Lektürefähigkeit. Eine Lektion besteht (abgesehen von den ersten Lektionen) aus 280 bis 330 lateinischen Wörtern. Davon entfällt jeweils etwa die Hälfte auf die Erarbeitung des neuen Stoffes; ab Lektion 3 geschieht das in einem thematisch geschlossenen Text. Pro Lektion sind zwischen 30 und 34 Vokabeln zu lernen. Der Festigung des Grammatikstoffes und der Wortschatzarbeit dienen die verschiedenen Übungen. Bei der Bemessung des Text- und Übungspensums war das Ziel, genügend Material zur Erarbeitung und Festigung der Lerninhalte zur Verfügung zu stellen, ein Zuviel jedoch zu vermeiden.
Themen und Gegenstände der lateinischen Texte wurden so ausgewählt, daß sie einen Einblick in verschiedene Bereiche der römischen Kultur und des römischen Lebens geben. Ergänzt und veranschaulicht wird dies durch die Sachtexte in deutscher Sprache und durch die Abbildungen.
Die ersten Lektionen, die einen Einstieg in die neue und fremde Sprache ermöglichen sollen, sind in Kunstlatein abgefaßt. Aber schon ab Lektion 10 sind den Texten fast immer Stellen aus der Literatur zugrunde gelegt, wie die im Inhaltsverzeichnis angegebenen Belegstellen zeigen. Während dabei anfangs die Adaptionsspanne weiter gesteckt ist und nur mit gelegentlich eingestreuten Zitaten aus dem Original gearbeitet wird, besteht im letzten Drittel des Werkes der Kern der Erzählung meist aus längeren Originalzitaten, die durch Kunstlatein verbunden sind.
Wegen der gebotenen Kürze ist das Grammatikpensum auf die lektürerelevanten Phänomene beschränkt. Die Darbietung und Einübung des grammatischen Stoffes hat als Hauptziel das Erkennen und Bestimmen der Formen und syntaktischen Erscheinungen, nicht die aktive Beherrschung der Sprache. Wenn gelegentlich Aufgaben angeboten werden, zu deren Lösung Formen verändert oder gebildet werden müssen, ist die Übung mit einem Stern (*) als fakultativ gekennzeichnet.
Die zur Bearbeitung einer Lektion jeweils nötigen grammatischen Informationen sind in Lernkästen in die Lektionen integriert und bilden so

eine Art fortlaufender Begleitgrammatik, deren Inhalt in einem alphabetischen Index am Ende des Buches zusammengefaßt wird. Ein Grammatisches Beiheft mit einer kurzen Darstellung der Formenlehre und der Syntax wird im nächsten Jahr erscheinen. Zur Arbeit mit LATINUM eignet sich aber auch die Kurzgrammatik COMPENDIUM von Hans Baumgarten.

Quantitäten sind in den ersten 24 Lektionen in den Abschnitten A und B angegeben. Die Lernvokabeln werden in der Reihenfolge ihres Vorkommens bei den Lektionsvokabeln aufgeführt. Ein alphabetisches Vokabelverzeichnis mit Angabe des ersten Vorkommens befindet sich, ebenso wie ein Index der Eigennamen und ein Index zur Grammatik, am Schluß des Buches.

Die Lektionen haben folgende Teile:

A Text(e) zur Einführung
   Grammatik
B Aufgaben
C Vertiefung. Der Stern (*) bedeutet, daß der Text fakultativ ist.
S Deutscher Sachtext
   Abbildungen

Inhalt

	Formenlehre und *Syntax*		Texte
1	Nom. u. Akk. Sg. der a-, o-, kons. Dekl.; 3. Pers. Sg. Präs. der a-, e-, kons. Konj.; Infinitiv; est *Subjekt; Prädikat; Objekt; Prädikatsnomen*	S	Familie, Haus
2	Nom. u. Akk. Pl. der a-, o-, kons. Dekl.; Adjektive der a-, o- Dekl.; 3. Pers. Pl. Präs. der a-, e-, kons. Konj.; i- Konj. *Attribut; adverbiale Bestimmung*	A2 S	Ein Triumphzug Triumphzug
3	Genitiv u. Dativ der a-, o-, kons. Dekl. *Gen. als Attribut, d. Bereichs, possess., obi., subi.; Dativ als Objekt, commodi, possess.; Apposition*	A S	Ein griechischer Kaufmann auf Reisen Handel, Handelswege
4	Abl. der a-, o-, kons. Dekl. *Abl. instrum., sociat., separ., temp., loci, modi; Akk. d. Ausdehnung*	A S	Römische Bauern Römische Landwirtschaft, Ernährung
5	1. u. 2. Pers. Sg. u. Pl. der a-, e-, i-, kons. Konj.; Imperativ; Vokativ; Personalpronomen	A S	Wer wird Konsul? Der römische Staat
6	e-Dekl. *AcI u. Inf. als Objekt; Gleichzeitigkeit*	A S	Geht die Provinz Asia verloren? ·Provinzen
7	Neutrum der o-, kons. Dekl.; ire u. Komposita	A C*	Ein Besuch des Forums und des Marsfeldes Wo tagte der Senat?

Inhalt

Formenlehre und *Syntax*	Texte	
8 Relativpronomen; o-Dekl. auf -r *Relativsatz*; *Prädikativum*	A	Ein blutiges Volksvergnügen
	S	Gladiatorenspiele
9 Perfekt (I) Akt.: v-, u-, Stammperfekt; Perfekt von esse und ire *Vorzeitigkeit*	A1	Eine Schreckensnachricht aus Germanien
	A2	Ein Überlebender der Varusschlacht berichtet
	S	Das römische Germanien
10 Imperfekt *Perfekt/Imperfekt*	A1	Das Ende des Romulus
	A2	Eine Botschaft aus dem Jenseits (nach Liv. I, 16)
	C*	Von der Königsherrschaft zur Republik
	S	Die römischen Könige
11 *Gliedsätze mit Indikativ*	A	Eine fahrlässige Körperverletzung (nach Ulp. ad ed. XVIII)
	C*	Die entwendete Laterne (nach Alfenus Dig. II)
	S	Sklaven
12 Passiv (I): Präs., Imperf. *Passiv*	A1	Christen vor dem Richter
	A2	„Wir Christen fürchten nur Gott"
	C	Das geht dich an! (Hor. epist. I, 18; 84)
13 u-Dekl.; Passiv (II): Perf. *Partizip Perfekt Passiv (PPP)*	A1	Rom in Bedrängnis (nach Liv. II, 10-13)
	A2	Ein mutiges Mädchen (nach Liv. II, 13; 6-11)
	C*	Ein entschiedener Gegner der Frauenrechte (nach Liv. XXXIII, 1-2)
	S	Die römische Frau

Formenlehre und *Syntax*	Texte
14 Perfekt (II): s-, Redupl.-, Dehnungsperfekt; Reflexivum *Gebrauch des Reflexivums*	A1 „Ich werde immer ein Feind der Römer sein" (nach Liv. XXI, 1; 14) A2 Ein Römer schildert den Gegner Hannibal (nach Liv. XXI, 4) C* Ein Feldherr mißachtet die Warnungen der Götter (nach Liv. XXII, 3; 12)
15 is, ea, id; ferre; posse *Demonstrativpronomen*	A1 Ein sozialer Konflikt entsteht A2 Doch Reformen werden vom Senat blutig unterdrückt S Soziale Probleme
16 Futur I; Inf. Fut. Akt. *Zukunft; Zeitebenen*	A1 Ein Staatsstreich droht (nach Cic. Catil. I, 1) A2 Kann die Gefahr noch abgewehrt werden? C Freiheit und Freizeit (Cic. De orat. II, 6; 24)
17 nd-Formen (I): Gerundium *Gerundium mit Akk.-Obj. und Adv.*	A1 Seeräuber bringen die Großmacht Rom in Bedrängnis A2 Pompeius erhält den Oberbefehl (nach Cic. imp. Cn. Pomp. 11; 29 u. 19; 56) S Der Hafen Ostia, römische Schiffe
18 Adjektive der i-Dekl.	A1 Äneas verläßt das zerstörte Troja A2 Ein Sturm verschlägt ihn nach Afrika
19 Participium coniunctum *PPP (Partizip II) als prädikatives und attributives Partizip*	A1 Äneas verläßt Dido (Verg. Aen. 4, 265; 4, 272) A2 Abstieg in die Unterwelt (nach Verg. Aen. 6, 790ff.) C Rom über alles (Verg. Aen. 6, 851–853)

Inhalt

Formenlehre und *Syntax*	Texte
20 Konjunktiv (I): Präs., Imperf. *Finalsatz: ut, ne; Konsekutivsatz mit ut; Konj. im Hauptsatz*	A1 Aus dem Leben des Kaisers Augustus (nach Res gest. u. Suet. Aug.) A2 Zitate und Sprichwörter C „In terra pax hominibus" (Lk. 2, 1; 2, 14) S Die Marmorstatue von Primaporta und die Pax Augusta
21 AmP (Ablativus absolutus) *AmP m. Partizip Perf. (Part. II)*	A1 Der Tod des Archimedes (nach Liv. XXV, 31; 9) A2 Ein römischer Quaestor als Archäologe (nach Cic. Tusc. 5, 64–66) C Die Leistung der Griechen (Cic. ad. Q. fr. I, 1; 27) S Römer und Griechen
22 nd–Formen (II): Gerundivum *Gerundivum; necessitas*	A1 Die Religion der römischen Bauern (nach Cato agr. 141) A2 Haben die Götter eine Aufgabe in der Welt? (nach Cic. nat. deor. I, 2–4 u. 45; 51) S Römische Religion
23 Partizip Präs. (Part. I); ille *Partizip Präs. (Part. I)*	A Kann der Kaiser Wunder tun? (nach Tac. hist. IV, 81) C Senat und Volk ehren Titus Vespasianus
24 Ind. Plusquamperfekt; Adverbbildung; velle, nolle; hic *Vorzeitigkeit in der Vergangenheit*	A Was ist im Leben wünschenswert? (aus Sen. epist. 61; 68; 118; 115) C Die Macht des Schicksals (Sen. epist. 107, 11) S Antike Philosophie
25 Konjunktiv (II): Plusquamperfekt *cum m. Konj.; Irrealis*	A Erzwungene Muße unter einer Diktatur (nach Cic. off. I, 69-70 u. II, 2–5) B2 Philosophen sind nicht unfehlbar (Sen. dial. VII, 18, 1) S Marcus Tullius Cicero

Formenlehre und *Syntax*	Texte
26 Deponentien *Relativsätze im Konjunktiv*	A1 Arme Leute schlafen schlecht in Rom (nach Iuv. III, 234–238) A2 Rom brennt! (Iuv. II, 196–197; nach Tac. ann. XV, 38–40) B1 War Nero ein Brandstifter? C* Der Reiche im Straßenverkehr (Iuv. III, 239–241) S Die Großstadt Rom
27 Steigerung der Adjektive und Adverbien; Zahlen von 1–10; Semideponentien	A1 Wie sind Waffen und Krieg in die Welt gekommen? (Tib. X, 1–4) A2 Ein Urteil über den römischen Imperialismus (Tac. Agr. 30) C* Kann Krieg die Welt heilen? S Das römische Heer
28 Futur II; Zahlen: Zehner und Hunderter *Vorzeitigkeit in der Zukunft; abhängige Rede; abhängige Frage*	A1 Benedikt gründet ein Kloster A2 Aus der Regel des hl. Benedikt (Regula St. Benedicti, cap. 48) B3 Was Benedikt schrieb C* Einige Inschriften und Sprichwörter S Christliche Klöster, antikes Erbe

Vokabeln 142

Alphabetisches Verzeichnis der Eigennamen 177

Alphabetisches Verzeichnis der Vokabeln 182

Alphabetischer Index zur Grammatik 193

Zeittafel zur römischen Geschichte 195

Abbildungsnachweis

S. 13: Limesmuseum Aalen / S. 17: Archivi Alinari, Florenz (1991) / S. 19: Archiv für Kunst und Geschichte, Berlin (Erich Lessing) / S. 23: Archivi Alinari, Florenz (1991) / S. 25: Stadtmuseum Linz / S. 29: Archäologisches Institut der Universität Göttingen / S. 33: Vlaggen Dokumentatie Centrum Nederland / S. 34: Archäologisches Institut der Universität Göttingen / S. 39: Quelle: Goscinny/Uderzo, Asterix, Bd. 18. Ehapa Verlag, Stuttgart 1974 / S. 43: British Museum, London / S. 47: Scala – Istituto Fotografico Editoriale, Antella (Firenze) / S. 49: Rheinisches Landesmuseum Bonn / S. 52: Prähistorische Staatssammlung München (Manfred Eberlein) S. 53: Antikensammlung, Staatl. Museen zu Berlin – Preussischer Kulturbesitz (Ingrid Geske) / S. 55: Markus Eidt, Göttingen / S. 58: Antikensammlung, Staatl. Museen zu Berlin – Preussischer Kulturbesitz / S. 61: Musée du Petit Palais, Paris; Photo Bulloz / S. 63: Scala – Istituto Fotografico Editoriale, Antella (Firenze) / S. 67: Museo Etrusco Guarnacci, Volterra (Fabio Fiaschi) / S. 71: Bildarchiv Preussischer Kulturbesitz / S. 72: Archivi Alinari, Florenz / S. 76: Hirmer Fotoarchiv, Hirmer Verlag München / S. 79: Abdruck freundlicherweise von Fototeca Unione presso Accademia Americana in Roma gestattet; Klischee freundlicherweise vom Cornelsen Verlag Hirschgraben zur Verfügung gestellt / S. 81: Archivi Alinari, Florenz / S. 85: ABZ Verlag, Zürich / S. 88: Vaticano – Museo Egizio; Anderson Roma / S. 91: Archivi Alinari, Florenz (1991) / S. 96: Niedersächsische Staats- und Universitätsbibliothek, Göttingen / S. 96: Bildarchiv der Österreichischen Nationalbibliothek, Wien / S. 101: DAI Rom / S. 102: DAI Rom / S. 103: Deutsches Museum, München S. 107: DAI Rom / S. 110: Prähistorische Staatssammlung München (Manfred Eberlein) / S. 115: Archivi Alinari, Florenz / S. 116: Antikensammlung, Staatl. Museen zu Berlin – Preussischer Kulturbesitz / S. 120: Gemeinnützige Stiftung Leonard von Matt, Buochs (Leonard von Matt) / S. 122: Archivi Alinari, Florenz S. 126: Archivi Alinari, Florenz (1991) / S. 131: Cambridge University Collection S. 135: Cliché des Musées Nationaux, Paris / S. 136: Stiftsbibliothek St. Gallen (Carsten Seltrecht) / S. 141: Deutsches Museum, München
Hier nicht aufgeführte Abbildungen wurden eigens für diese Ausgabe gezeichnet.

Die Abbildung auf dem Umschlag zeigt den Cardo maximus von Gerasa, heute: Dscherasch (Jordanien). Quelle: Antike Kunst im Vorderen Orient. Städte in der Wüste – Petra, Palmyra und Hatra. Handelszentren am Karawanenweg, Stuttgart/Zürich 1987. Originalausgabe: Cités du désert – Pétra, Palmyre, Hatra, Fribourg 1987. © Compagnie du livre d'art S. A., Fribourg

Lektion 1

Latein aus unserem Alltag

Aus der Geographie: Britannia – Germānia – Mosella – Rhēnus – fluvius *(le fleuve)* – īnsula – Sicilia – Rōma – Italia

Aus Politik und Wirtschaft: populus *(the people, le peuple)* – senātus – senātor – dictātor – Augustus – Caesar – Colōnia – importāre – exportāre – fabrica – fabricāre – dēmōnstrāre – mercātor *(the merchant, le marchand)* – magister *(the master, le maître)*

Lebensmittel: cāseus – oleum – vīnum

Haus und Familie: vīlla – tabula *(the table, la table)* – fenestra *(la fenêtre)* – camīnus – tegula *(der Ziegel)* – camera – porta – caementum – aula *(Hof)* – familia – pater – māter – frāter *(le frère)* – fīlius *(le fils)* – fīlia *(la fille)* – servus – servīre *(servir)* – lingua *(the language, la langue)* – lingua Latīna

Namen: Mārcus – Claudia – Iūlia

A Bei einem lateinischen Wort sind die Wortausgänge wichtig, z. B. īnsul**a**, serv**us**, mercāt**or** (andere Wortausgänge bei oben aufgeführten Wörtern, wie magister, frāter, vīnum wollen wir vorläufig übergehen).

Bei Substantiven und Eigennamen bezeichnen Endungen oder Wortausgänge den Kasus (Fall):

im Nominativ īnsul**a**	die Insel, eine Insel, Insel
serv**us**	der Sklave, ein Sklave, Sklave
mercāt**or**	der Kaufmann, ein Kaufmann, Kaufmann

Einen Artikel gibt es im Lateinischen nicht.

Am Wortausgang erkennt man meist auch das Genus (Geschlecht):

femininum (f.), maskulinum (m.), neutrum (n.)

fīli**a** f.	die Tochter
fīli**us** m.	der Sohn
mercāt**or** m.	der Kaufmann
ole**um** n.	das Öl

Lektion 1

Mit diesen Kenntnissen können Sie schon kleine lateinische Sätze übersetzen:

1. Britannia īnsula est. – Gāius mercātor est. – Mārcus dominus est. – Syrus servus est. – Iūlia domina est. – Hērophilus medicus est.

   Mārcus, Gāius, Iūlia sind römische Männer- bzw. Frauennamen. Hērophilus ist ein griechischer Name; Ärzte in Rom waren meist Griechen. Sklaven erhielten vom Herrn oft einen Namen, der ihre Herkunft bezeichnete: so konnte z. B. Syrus aus Syrien, Phrygia aus Phrygien in Kleinasien stammen.

2. Dominus intrat. – Domina intrat. – Servus labōrat. – Syrus labōrat. – Domina nōn labōrat. – Mārcus lūdit.

Auch Verben haben Endungen: Die Endung -t bezeichnet die 3. Person Singular:

   z. B.   es-t – er (sie, es) ist
   voca-t – er (sie, es) ruft

Das Personalpronomen (er, sie, es) fehlt normalerweise beim lateinischen Verb; durch die Personalendung ist die Person hinreichend bezeichnet.
Die Grundform eines Verbs, der Infinitiv Präsens Aktiv, hat die Endung -re; z. B. vocā-re – rufen.
Der Infinitiv zu est lautet esse – sein.

---

3. Dominus vocat. – Quem dominus vocat? – Dominus servum vocat. Domina videt. – Quem domina videt? – Domina ancillam videt. Quis dominum timet? – Syrus dominum timet.

Dominus servum vocat. – Der Herr ruft den Sklaven. Das -m in servum bezeichnet den Akkusativ Singular. Dieser Satz enthält als *Satzglieder:*

	Frage	
a) das Prädikat	Was wird ausgesagt?	vocat
b) das Subjekt im Nominativ	Wer oder Was (ruft)?	dominus
c) das Objekt im Akkusativ	Wen oder Was ruft er?	servum

Im Satz „Iūlia domina est" wird das Hilfsverb (die Kopula) *est* durch das Prädikatsnomen *domina* ergänzt. Das Prädikatsnomen stimmt mit dem Subjekt in Kasus und Genus überein.
Kopula und Prädikatsnomen bilden zusammen das Prädikat.

Römischer Gutshof (*villa rustica*). Modell

Medicus morbum cūrat. – Agricola mūrum aedificat. – Ancillam domina vocat. – Dominum Syrus timet. – Servus labōrem nōn amat. – Domina ancillam quaerit: „Ubi est Phrygia?"

4. Equus ad aulam currit. – Agricola in aulam intrat. – Agricola mūrum circā aulam aedificat. – Mārcus per aulam currit.

> Einige Präpositionen, wie *ad, in, circā, per,* stehen mit dem Akkusativ. Präpositionen mit Substantiv geben Ort, Zeit, Richtung und Umstände an.

B 1 *Übersetzen Sie und bestimmen Sie die Satzglieder in den Sätzen:*

Ancilla medicum vocat. – Medicus servum videt. – Medicus Mārcum cūrat. – Iūlia domina est. – Domina Phrygiam vocat. – Phrygia labōrem nōn amat. – Phrygia ancilla est. – Mārcus servus nōn est. – Servum Gāius quaerit.

Lektion 1

B 2 *Schreiben Sie ab und ergänzen Sie ein passendes Objekt aus der folgenden Liste (Mehrfachnennungen möglich):*

domina – Mārcum – morbum – labor – dominam – equum – labōrem – mercātor – mūrus – aulam – mūrum – mercātōrem – morbus

Ancilla ~~~ timet.
Medicus ~~~ cūrat.
Mārcus ~~~ aedificat.
Dominus ~~~ vocat.
Agricola ~~~ nōn videt.
Iūlia ~~~ quaerit.

B 3 *Schreiben Sie ab und ergänzen Sie ein passendes Subjekt aus der folgenden Liste (Mehrfachnennungen möglich):*

Iūliam – mercātor – equum – domina – servum – Lūcius – agricola – Hērophilus – dominam – mercātōrem – agricolam – Mārcus – Lūcium – Iūlia – Mārcum

~~~ servus nōn est.
~~~ domina est.
~~~ in aulam nōn intrat.
~~~ dominum videt.
~~~ in aulam currit.

B 4 *Beantworten Sie:*

1. Quis dominum quaerit? – 2. Quem Iūlia vocat? – 3. Quis domina est? – 4. Quem Mārcus quaerit?

*B 5 *Bauen Sie lateinische Sätze aus dem folgenden „Wortbaukasten":*

cūrat – videt – vocat – est – nōn – per – labōrem – intrat – dominum – lūdit – mūrum – Mārcus – aedificat – currit – equus – ancillam – amat – in – ancilla – aulam – ad – morbum – equum – morbus – dominus – timet – īnsulam – īnsula.

S Familie, Haus. Das lateinische Wort *familia* bezeichnet mehr als die kleine Gruppe von Vater, Mutter und Kindern, die wir mit dem Begriff Familie verbinden. Zur *familia* gehörten alle Personen, die auf einem Bauernhof oder in einem Haus wohnten und arbeiteten. Dem Hausherrn (*pater familias**) unterstanden die Hausfrau (*domina*), die Kinder und die Sklavinnen und Sklaven. Daß *familia* manchmal mit „Hauswesen" oder „Be-

* familias ist alter Genitiv Singular

sitz" zu übersetzen ist, weist darauf hin, daß die römische *familia* auch eine Wirtschaftseinheit war.

Der *pater familias* hatte ursprünglich unumschränkte Macht (*potestas*) über alle Mitglieder der *familia*. Als Richter über Ehefrau, Kinder und Sklaven hatte er sogar das Recht über Leben und Tod (*ius vitae necisque*). Er konnte z. B. entscheiden, ob ein neugeborenes Kind aufgezogen oder getötet werden sollte. Gegenüber dem Staat haftete er für das Verhalten der Familienmitglieder. In seinem Handeln war er lediglich den auf Tradition und Religion beruhenden Normen verpflichtet. Erst in der Kaiserzeit wurde die übermächtige Stellung des *pater familias* allmählich eingeschränkt. Die erwachsenen Söhne unterlagen in der Regel nicht mehr der Gewalt (*manus*) des Vaters (*emancipatio*), auch Frauen konnten jetzt ein eigenes Vermögen erwerben und verwalten.

Die Architektur des **römischen Hauses** war vom warmen Klima des Mittelmeerraumes bestimmt. Beim typisch römischen Haus ließ eine rechteckige Dachöffnung Luft und Licht in den in der Mitte liegenden Hauptraum, das *atrium*, in das es freilich auch hineinregnen konnte. Das Regenwasser wurde in einem Auffangbecken, dem *impluvium*, gesammelt. Im *atrium* brannte ursprünglich auch das Herdfeuer, dessen Rauch durch die rußgeschwärzte Dachöffnung abzog, die dem Raum seinen Namen gab (*ater*: schwarz). An den Längsseiten des *atrium* befanden sich kleine Schlafkammern (*cubicula*) oder Vorratsräume; das Speisezimmer, das *triclinium*, schloß sich an das *atrium* an. Ein Stockwerk höher lagen Kammern, die über eine Leiter erreichbar waren. Fenster gab es im römischen Haus nur wenige und kleine. In den Häusern wohlhabender Römer führte nach griechischem Vorbild ein Durchgang vom *atrium* in einen Innenhof, das *peristylium*, dessen von Säulen getragenes Dach ebenfalls in der Mitte über einem Wasserbecken offen war. Ausgrabungen in Pompeji zeigen, daß die Peristyle oft mit viel Geschmack gärtnerisch gestaltet, manchmal auch mit Kunstwerken ausgestattet waren.

Grundriß eines römischen Hauses: 1. Vestibulum (Eingangsflur) 2. Fauces (Flur) 3. Atrium 4. Impluvium 5. Cubicula 6. Alae (einander gegenüberliegende offene Räume) 7. Tablinum (Tagesaufenthaltsraum) 8. Cubicula 9. Andron (Gang) 10. Peristylium 11. Piscina (Wasserbecken, oft mit Fischen) 12. Posticum (Seiteneingang) 13. Exedra (Aufenthaltsraum) 14. Cubicula

Lektion 2

A1 1. Hērophilus medicus bonus est. Medicus magnam vīllam intrat. Iūlia parva aegrōta est. Medicus bonus Iūliam parvam cūrat.

Mārcus ōrātor bonus est. Gāius ōrātōrem bonum laudat. Gāius agricola bonus est. Mārcus agricolam bonum laudat.

> *magnus, bonus, parvus* und *aegrotus* sind Adjektive.
> Adjektive stimmen mit dem Substantiv, zu dem sie gehören, in **Kasus, Numerus** (siehe unten) und **Genus** überein: KNG – Kongruenz. Im Satz stehen sie
> 1. als Attribute, d.h., sie erläutern das Substantiv, zu dem sie gehören. „Übereinstimmen" bedeutet jedoch nicht, daß sie immer die gleichen Endungen haben wie das Substantiv, zu dem sie gehören: ōrātor bonus; agricolam bonum
> 2. als Prädikatsnomen: Iūlia aegrōta est.

2. Lūciē et Mārcus amīcī bonī sunt. Hodiē Lūcius ad amīcum venit. Domina et dominus amīcōs bonōs vident. Etiam Valeria, Cornēlia, Iūlia amīcae bonae sunt. Iūlia hodiē amīcās in magnam vīllam invītat. Amīcae libenter veniunt. Iūlia amīcās bonās videt
5 et salūtat. Etiam amīcae salūtant. Tum amīcae ad mercātōrem currunt. Gāius et Pūblius mercātōrēs bonī sunt. Itaque amīcae mercātōrēs bonōs saepe vīsitant. Gāium et Pūblium salūtant.

> Im Numerus (Zahl) unterscheidet man Singular (Einzahl) und Plural (Mehrzahl). Substantive und Adjektive bilden den Plural durch Wortausgänge.
>
> (amīcus) – amīc-ī   die Freunde (Nom.)
> (amīcum) – amīc-ōs   die Freunde (Akk.)
>
> (amīca) – amīc-ae   die Freundinnen (Nom.)
> (amīcam) – amīc-ās   die Freundinnen (Akk.)
>
> Die Substantive auf -or haben die Pluralendungen -ēs sowohl im Nom. als auch im Akk.
>
> (mercātor) – mercātōr-ēs   (mercātōrem) – mercātōr-ēs
>
> Verben haben in der 3. Person Plural als Endung das Kennzeichen **-nt**.

Lektion 2

Mark Aurel, römischer
Kaiser 161-180,
im Triumphwagen.
Marmorrelief

A 2 Ein Triumphzug

Imperātor Rōmānus magnum triumphum¹ agit¹. Hodiē imperātor et legiōnēs² Rōmam intrant. Multī servī praedam³ in triumphō¹ portant. Multī Rōmānī per viās currunt, magnum imperātōrem vident,
5 victōrēs laetōs salūtant. Saepe clāmant: „Iō triumphe!" Multī senātōrēs Rōmānī adsunt. Orātor magnum victōrem salūtat. Tum imperātor legiōnēs², populum Rōmānum, senātōrēs Rōmānōs laudat. Senātōrēs Rōmānī imperātōrem libenter audiunt.

1 triumphus m.: Triumph, Triumphzug; triumphum agere: einen Triumph feiern; in triumphō: im Triumphzug   2 legiōnēs (Nom. u. Akk. Pl.) f.: die Legionen   3 praeda f.: Beute

> Eine adverbiale Bestimmung (AB) erläutert das Prädikat. Die Satzstelle Adverbiale Bestimmung kann gefüllt werden:
> z. B. durch ein Adverb:
>
> > Iūlia *hodiē* amīcas invītat.   (Wann lädt sie die Fr. ein?)
> > Amīcae *libenter* veniunt.   (Wie kommen die Fr.?)
>
> oder durch ein dekliniertes Substantiv (meist m. Präposition), hier durch *in* mit einem Akkusativ:
>
> > Iūlia amīcas *in vīllam* invītat.   (Wohin?)

Lektion 2

B 1 *Die Form* amīcōs *ist „Akk. Pl. m. von amīcus – Freund: die Freunde". Bestimmen Sie entsprechend die Formen:*

amīcae – populī – ōrātōrem – agricolae – dominās – victōrēs – bonōs – laetās – magna – victōrem – magnī – imperātor – agricola – ancilla – labōrēs – aulae – equōs – mercātor – medicum – mūrī.

B 2 *Setzen Sie zu den Substantiven*

aulās – morbī – senātōrēs – medicum – agricolam – victōrēs – labōrēs – ōrātōrem – amīcam – amīcī – equum – labōrem

nach Kasus, Numerus, Genus passende Adjektive aus folgender Liste (Mehrfachnennungen möglich):

bonī – multōs – bonam – bonum – magnōs – multī – magnās – magnum.

B 3 *Nennen Sie den Nominativ Singular zu:*

bonās – senātōrēs – populum – amīcae – laetōs – amīcī – aegrōtae – vīllam – aulam – labōrēs – mūrōs – morbī – īnsulae.

B 4 medicum – medicōs; agricola – agricolae

Bilden Sie nach diesem Beispiel den Plural im gleichen Kasus zu:
labōrem – labor – bonus – senātōrem – amīcam – vīlla – imperātor – amīcus – laetam – ōrātōrem.

Bilden Sie umgekehrt den Singular zu:
aulās – equī – dominās – ancillae – morbōs – aegrōtās – imperātōrēs.

B 5 *Bilden Sie aus den Wörtern oder Wortblöcken vollständige lateinische Sätze und bestimmen Sie die Satzglieder:*

senātōrēs Rōmānī – Lūcius – multī agricolae – populum Rōmānum – in aulam – medicus bonus – libenter adsunt – per aulam – victor laetus – hodiē veniunt – currit – populus Rōmānus – multae amīcae – cūrat – amīcum aegrōtum – hodiē invītat – intrat – servum aegrōtum – in vīllam – libenter salūtat – parvus est – bonī sunt – ōrātor bonus – currunt – saepe laudat.

Triumphzug 71 n. Chr. nach dem Sieg der Römer über die Juden. Relief, Ausschnitt mit den Siegestrophäen, dem siebenarmigen Leuchter und den silbernen Trompeten aus dem Tempel in Jerusalem. Siehe auch die Abbildungen S. 115.

S **Triumphzug.** Die Heimkehr des Heeres nach siegreich beendetem Krieg feierten die Römer mit einem Triumphzug. Wenn ein Oberbefehlshaber noch auf dem Schlachtfeld von seinen Soldaten zum *imperator* ausgerufen worden war *(acclamatio)* und der Senat einen Triumphzug bewilligt hatte, durfte der Feldherr mit dem Heer die Stadtgrenze überschreiten – was sonst nicht gestattet war – und in feierlichem Zug über die Heilige Straße (via sacra) zum Tempel des Iuppiter Capitolinus ziehen.

Die hohe Auszeichnung, die dem Triumphator zuteil wurde, zeigte sich auch in der Kleidung, die er an diesem Tag tragen durfte. Sein Triumphalgewand *(vestis triumphalis)*, das ihm aus dem Tempelschatz des Jupiter zur Verfügung gestellt wurde, war eine purpurfarbene, goldbestickte Toga; er trug einen Lorbeerkranz und hielt einen Elfenbeinstab mit Adlerkopf in der Hand; sein Gesicht wurde nach dem Vorbild der Tonstatue des Jupiter auf dem Kapitol mit roter Farbe geschminkt. Hoch aufgerichtet stand er in dem prächtig verzierten Triumphwagen, den vier gleichfalls geschmückte Pferde zogen. Um Unheil von dem so über alles menschliche Maß herausgehobenen Triumphator abzuwehren, war es Brauch, daß hinter ihm auf dem Wagen ein Sklave stand, der ihm zurief: *„Respice post te, hominem te esse memento!* – Schau dich um und denke daran, daß du ein Mensch bist!"

Dem Triumphwagen wurden Tafeln vorangetragen, auf denen Szenen aus den vorangegangenen Schlachten abgebildet sowie die Namen der besiegten Völker und die Menge der Beute verzeichnet waren; ein Teil der Beutestücke wurde auf Traggestellen im Triumphzug mitgeführt. Dem Wagen folgten prominente Gefangene, z. B. besiegte Könige und deren Familie. Den Abschluß bildeten die Soldaten, die bei dieser Gelegenheit auch Spottverse auf ihren Feldherrn singen durften.

Lektion 3

A Ein griechischer Kaufmann auf Reisen

Theophēmus mercātor Graecus est. Multās urbēs[1] Italiae vīsitat. Nam saepe in Italiam, patriam populī Rōmānī, et in Asiam, prōvinciam Rōmānam, nāvigat. Theophēmus nōmina[2] multōrum populōrum et
5 multārum īnsulārum cognōscit. Nāvis[3] Theophēmī mercātōris multās mercēs[4] capit. Theophēmus multās dīvitiās comparat.
Mercātōrēs Graecī frūmentum[5], aes[5], unguentum[5], multās aliās rēs[6] in Italiam important et incolīs Italiae vendunt. Mercēs[4] incolīs placent. Ita mercātōribus saepe magnae dīvitiae sunt.
10 Interdum pīrātae nāvēs[3] mercātōrum capiunt. Sed imperātor Rōmānus mercātōribus bene cōnsulit: Nāvēs[3] imperātōris vīgilant et pīrātās opprimunt. Ita mercātōrēs pīrātās nōn timent. Timor pīrātārum abest.
Mercurius deus mercātōrum est. Itaque post reditum[7] Mercuriō deō
15 et cēterīs deīs grātiās agunt.

1 urbēs (Akk. Pl.) f.: Städte   2 nōmina (Akk. Pl.): die Namen   3 nāvis (Nom. Sg.) f.: Schiff; nāvēs (Nom. und Akk. Pl.)   4 mercēs (Nom. und Akk. Pl.) f.: die Waren   5 frūmentum, aes, unguentum: Getreide, Metall, Parfümsalbe   6 rēs (Akk. Pl.) f.: Dinge   7 reditum (Akk. Sg.) m.: Rückkehr

---

Der Genitiv hat folgende Wortausgänge:

Sg.	īnsul-ae	Pl. īnsul-ārum
	popul-ī	popul-ōrum
	mercātōr-is	mercātōr-um

Der Genitiv beantwortet in der Regel die Frage Wessen? Er gibt als Attribut *Zugehörigkeit* und *Bereich* an.
Insbesondere unterscheiden wir (zunächst) den Genitiv, der den Besitzer angibt (Gen. possessivus):

Deus *mercātōrum* – *Wessen?*

und den Genitivus obiectivus:

Timor *pīrātārum* – Die Furcht vor den Seeräubern
(Mercātōres *pīrātās* timent)

In einem anderen Satzzusammenhang ist auch folgende Auffassung möglich: Timor *pīrātārum* – Die Furcht der Seeräuber (Gen. subiectivus). *Pīrātae* timent.

> Der Dativ hat folgende Wortausgänge:
>
> Sg. īnsul-ae Pl. īnsul-īs
> popul-ō   popul-īs
> mercātōr-ī mercātōr-ibus
>
> Der Dativ antwortet meist auf die Frage Wem? oder Für Wen? oder Wozu?
> Er steht als Dativobjekt (Person oder Sache).
> Mit *est* oder *sunt* bezeichnet er den Besitzer (Dat. possessivus). *Mercātōrī* magnae dīvitiae sunt.

> Ein attributives Substantiv im gleichen Kasus wie das Beziehungswort nennt man Apposition: Mercātōrēs Mercuriō *deō* grātiās agunt.

B1 *Bestimmen und übersetzen Sie die Formen:*

deī – mercātōrēs – incolīs – victōrum – medicum – medicōrum – aegrōtī – viīs – bonārum – senātōrem – senātōrum – amīcīs – parvārum – laetōs – laetīs – imperātōris – aulīs – parvīs – senātōrī – populī – medicī – imperātōrī – aliīs – medicum – labōrum – labōrem – incolae – prōvinciās – timōris – timōrem – aegrōtārum – deōrum.

B2 *Suchen Sie aus den Adjektiven*

laetī – cēterīs – cēterās – magnus – magnam – magnōrum – magnō – aegrōtum – parvārum – laeta – Graecīs – multae – bonō – aegrōtās – magnae – multī – bonīs – aegrōtōs – Rōmānōs – Rōmānīs – parvī – parvae

diejenigen heraus, die nach KNG zu den folgenden Substantiven passen (Mehrfachnennungen möglich):

incolās – timōrī – senātōrī – pīrātae – deō – amīcās – senātor – senātōrum – deī – senātōrēs – viīs – amīcōs – amīcārum – ōrātōribus – prōvinciīs – patriae – prōvinciae – populīs – dīvitiae – populī – dominīs – pīrātam – equus – senātōribus – prōvinciārum – viae – amīcōrum.

Lektion 3

B 3 *Übersetzen Sie:*

1. Hērophilō medicō magnae dīvitiae sunt. – 2. Iūliae multae amīcae sunt. – 3. Mercātōrī magna vīlla est. – 4. Populō Rōmānō multae prōvinciae sunt.

B 4 *Schreiben Sie alle Genitive und Dative heraus und bestimmen Sie ihre semantische Funktion:*

1. Theophēmus clāmat: „Pīrātae veniunt!". Timor mercātōrum magnus est.
2. Vīlla Mārcī agricolae parva est, nam Mārcō agricolae magnae dīvitiae nōn sunt. Mercēs[1] Theophēmī Mārcō et Iūliae dominae placent.
3. Italia patria populī Rōmānī et aliōrum populōrum est.
4. Mārcus parvus magnum equum timet; timor equī magnus est.

1 mercēs (Nom. Pl.) f.: Waren

B 5 *Schreiben Sie ab und ergänzen Sie in den Sätzen*

1. Incolae prōvinciārum ~~~ grātiās agunt.
2. Gāius dominus ~~~ comparat.
3. Theophēmus ~~~ quaerit.
4. Dominus servī aegrōtī ~~~ vocat.
5. Medicus ~~~ bene cōnsulit.
6. Imperātor ~~~ nōn cōnsulit.
7. Mercātōrēs Graecī ~~~ saepe vīsitant.

ein passendes Dativ- oder Akkusativobjekt aus folgender Liste (es gibt meist mehrere Möglichkeiten!):

incolīs – incolās – Asiam prōvinciam – prōvinciae – populō Rōmānō – Mārcī servum – Mārcum amīcum – mercātōribus Graecīs – imperātōrī Rōmānō – medicōs bonōs – magnās dīvitiās – senātōrēs – imperātōrem – servō aegrōtō – medicum bonum.

S Handel, Handelswege. Handel und Schiffsverkehr waren für die Völker am Rande des Mittelmeers eine Notwendigkeit. Phönizier, die etwa im heutigen Libanon lebten, und Griechen segelten schon im 7. Jh. v. Chr. ins westliche Mittelmeer und gründeten dort Handelsstädte. Auf dem Landweg transportierte man bereits zu dieser Zeit wichtige Rohstoffe wie Kupfer und Salz aus dem Inneren Spaniens und Galliens und aus dem Donauraum zu den Mittelmeervölkern. Doch erst in der Kaiserzeit gaben der Frieden

Marmorrelief aus dem 2.-3. Jh., das den Hafen von Ostia darstellt

und die Sicherheit des Imperium Romanum die Gewähr für ungestörte Handelswege zu Wasser und zu Land vom heutigen Schottland bis Nordafrika und vom heutigen Portugal bis Syrien und ermöglichten so einen freien Warenaustausch zwischen allen Teilen des Reiches. Die römische Reichsverwaltung sorgte nicht nur für sichere Seewege und gute Häfen, zu ihren großen Leistungen gehörten auch Ausbau, Erhaltung und Sicherung eines Netzes von guten Fernstraßen durch das ganze Reich.

Die älteste und bekannteste Fernstraße war die *Via Appia*, mit deren Bau um 312 v. Chr. begonnen wurde. Sie führte von Rom über Capua nach Brundisium (heute Brindisi) und diente zunächst als Verbindungslinie zu den Militärstützpunkten (*coloniae*) der Römer in Süditalien. Später wurden auch andere Fernstraßen gebaut. Die Fernstraßen hatten einen festen Unterbau aus Schotter und Sand; viel befahrene Strecken wurden zusätzlich mit Pflastersteinen und Randplatten befestigt. Man schätzt das Fernstraßennetz (einschließlich Nebenstraßen) zur Zeit der größten Ausdehnung des Imperium Romanum auf 80 000 km. Meilensteine gaben die Entfernung zu den nächsten Städten und meist auch nach Rom in *mille passus* an (1000 Doppelschritte = ca. 1,5 km).

Lektion 4

Dank des gut ausgebauten Straßennetzes erstreckte sich in der Kaiserzeit der Handel mit Wein, Olivenöl, Glas und Keramik aus feinem hellrotem Ton (*terra sigillata*, weil sie ein „Siegel" des Herstellers trug) über alle Teile des Reiches. Auf den besonders gut ausgebauten Straßen in Italien war sogar der Schnelltransport leicht verderblicher Lebensmittel möglich. So konnte man im 1. Jh. n. Chr. in Rom frische Pfirsiche und Kirschen von den Obstplantagen Norditaliens kaufen.

Die Provinzen waren gegen Ende der Republik noch vorwiegend Absatzmärkte für in Italien hergestellte Produkte, für die sie Rohstoffe (z. B. Getreide) oder Arbeitskräfte (Sklaven) lieferten. Doch die Friedensordnung des Augustus und seiner Nachfolger, die *pax Augusta*, brachte den Provinzen einen wirtschaftlichen Aufschwung. Rohstoffe wurden jetzt oft an Ort und Stelle verarbeitet, die fertigen Waren wurden in andere Provinzen und nach Italien exportiert. Das Rheinland und Nordafrika waren bekannt für ihre *terra sigillata*, Wein importierte man aus Gallien und Spanien, und Britannien lieferte Metallwaren. Die Oberschicht des Reiches bezog aus den östlichen Teilen des Imperium Romanum oder aus Indien und China Luxuswaren wie Edelsteine, Parfüme, Weihrauch, Gewürze und Seidenstoffe.

Lektion 4

A Römische Bauern

Agricolae Rōmānī vītam magnīs cum labōribus agunt. Iam māne dominus ē lectō surgit et cum servīs ancillīsque ad labōrem properat. Domina cum ancillīs in vīllā labōrat; dominus cum servīs in vīneā[1]
5 labōrat. Servī vītēs[1] pōnunt. Aliī olīvās[2] colligunt et fiscinīs[3] in aulam portant. Tertiā hōrā dominus cum Syrō servō aliīsque servīs in silvam properat; magnō labōre arborēs caedunt. Multās hōrās in silvā labōrant. Tum dominus cum servīs sub arboribus cōnsidit; cibīs recreantur[4]. Sed nōnā hōrā cūnctī ē silvā ad vīllam properant. Equī
10 magnam arborem ē silvā in aulam trahunt. Tum servī aliō locō labōrant. Mūrō parvō aulam circumdant.

Tandem vesper[5] familiam labōribus līberat. Cūnctī in vīllam conveniunt. Domina cum ancillīs familiae cēnam bonam parat.

1 vīnea, ae f.: Weinberg;   vītēs (Akk. Pl.) f.: Weinstöcke   2 olīva, ae f.: Olive
3 fiscina, ae f.: Korb   4 recreantur: „sie erfrischen sich"   5 vesper (Nom. Sg.) m.: Abend

Lektion 4

Mosaik aus Caesarea (heute: Cherchell, Algerien), 1.-2. Jh. n. Chr. Landarbeit. Oben Bauern beim Pflügen mit Ochsengespann, unten Arbeiter beim Ziehen und Schneiden von Weinreben

Lektion 4

> Der Ablativ hat die Wortausgänge:
>
> | Sg. domin-ā | Pl. domin-īs |
> |---|---|
> | serv-ō | serv-īs |
> | labōr-e | labōr-ibus |
>
> Der Ablativ Plural hat immer die gleichen Wortausgänge wie der Dativ Plural.
>
> Der Ablativ steht als Kasus der adverbialen Bestimmung auf die Fragen
>
> | Womit? Wodurch? | mūrō | (Abl. instrumenti) |
> |---|---|---|
> | Wann? | tertiā hōrā | (Abl. temporis) |
> | Wo? | in vīllā | (Abl. loci) |
> | Woher? Wovon? | labōribus līberāre | (Abl. separativus) |
> | Auf welche Weise? | magnō (cum) labōre | (Abl. modi) |

B 1 *Bestimmen Sie folgende Formen (mehrdeutige Wortausgänge beachten!):*

incolīs – morbō – alium – cēterī – patriae – deō – senātōribus – cēterīs – cēterōs – imperātōrī – pīrāta – aliōrum – hōrīs – imperātōris – aulā – grātiae – viīs – cēnam – ōrātōribus – timōrēs – dīvitiae – prōvinciae – amīcās – lectī – arborī – arboribus – silvārum – cūnctae – arborum – patria – morbōs.

B 2 *Setzen Sie zu den Präpositionen*

in (wo?) – ē *oder* ex – cum – post – in (wohin?) – ad – sub

alle nach Kasus und Sinn passenden Substantive aus folgender Liste:

Asiam – īnsulīs – īnsulārum – vīllae – vīllārum – aulās – vīllam – ōrātōris – ōrātōrī – imperātōrem – ōrātōribus – agricolīs – prōvinciā – Italia – mercātōre – lectō – vīllam – labōribus – arbore – familiās – familiā – labōrem – cibīs.

B 3 *Welche Wörter können Ablative sein?*

arboris – tertiīs – imperātōris – servīs – cēna – ōrātōris – labōrī – lūdit – arbore – aulās – vendit – hōrā – cibō – adsunt – dominīs – lectō – quaerunt – vīta – tum – servī – villīs – quis – nōn – silvae – properant – grātiās.

Lektion 4

Jetzt einmal ohne Längenzeichen:

aula – servis – victoris – ceteris – incola – pirata – est – piratae – arbore – gratia – imperatori – muro – in – parva – aegroti – oratore – Romanis – placent.

B 4 *Auf welche Frage antworten folgende adverbiale Bestimmungen im Ablativ?*

magnō cum timōre – in īnsulis – sub arbore – timōre līberāre – tertiā hōrā – in lectō – cibō satiāmur[1] – cēnā bonā.

1 satiāmur: wir werden gesättigt

*B 5 *Schreiben Sie ab und ergänzen Sie, bevor Sie übersetzen, die Sätze*

1. Mārcus Lūciusque ～～ cōnsidunt.
2. Imperātōrēs Rōmānī mercātōrēs incolāsque prōvinciārum ～～ līberant.
3. Mercātōrēs ～～ nāvigant et multās mercēs[1] ～～ important.
4. Quem Gāius ～～ vīsitat?
5. Syrus cum cēterīs servīs ～～ in aulā labōrat.
6. Servi parvam arborem ē silvā ～～ trahunt.
7. In aulā domina ～～ labōrat.

mit passenden adverbialen Bestimmungen aus der folgenden Liste (es gibt meist mehr als eine Möglichkeit):

nōnā hōrā – cum ancillīs – in aulā – per Italiam – timōre pīrātārum – in aulam – timor imperātōris – in Italiam – saepe – multās hōrās – ē silvā – ex Asiā prōvinciā – in Italiā – hodiē – ad vīllam – libenter – sub magnā arbore.

1 mercēs (Akk. Pl.) f.: Waren

B 6 *Stellen Sie aus dem folgenden Wortbaukasten Sätze zusammen und bestimmen Sie die Satzglieder:*

magnō labōre – cōnsidunt – cum amīcīs – dominae – in aulā – cūnctōs – cōnsidit – morbō – ancilla – vendit – medicus – ē lectīs – līberat – amīcōs dominī – servī – servum – aegrōtum – mercātōris – vīsitant – cēnā bonā – nōn placet – properat – cūnctī servī – amīcō – sunt – vocat – nōnā hōrā – labōrant – Gāius – cum dominō – servīs – magna est – sub arboribus.

Lektion 4

S **Römische Landwirtschaft, Ernährung.** Die Landwirtschaft war im Altertum der wichtigste Wirtschaftszweig. Die Erträge der Feldarbeit waren allerdings viel geringer als heute: Bei einer normalen Ernte brachte das ausgesäte Getreide höchstens das Sechsfache an Ertrag. Kunstdünger war unbekannt; zur Bearbeitung des Bodens stand nur die Muskelkraft von Mensch und Tier zur Verfügung. Der römische Bauer verwendete viele auch uns bekannte Geräte wie Sichel, Spaten, Gabel, Hacke und Harke. Sein von Ochsen gezogener Hakenpflug war allerdings wenig zweckmäßig: Man konnte damit den Boden nur auflockern, nicht umbrechen.

In älterer Zeit waren es in Italien vorwiegend Kleinbauern, die im Familienbetrieb ihr Land zur eigenen Versorgung bewirtschafteten. Im Laufe des 2. und 1. Jahrhunderts v. Chr. stellte die italische Landwirtschaft sich jedoch vom wenig gewinnbringenden Getreideanbau auf Öl und Wein, die ertragreicher und als Exportwaren begehrt waren, und auf im großen betriebene Viehhaltung um. Große Landgüter (*latifundia*), zu denen oft auch Mühlen, Ziegeleien und Steinbrüche gehörten, traten an die Stelle der Höfe der Kleinbauern. Die Großbetriebe wurden von einem Verwalter (*vilicus*) geleitet, die Arbeitskräfte waren Sklaven und Tagelöhner. Der Eigentümer lebte meist als Geschäftsmann oder Politiker in der Stadt und hielt sich nur gelegentlich zur Erholung auf dem Land auf.

Das Grundnahrungsmittel war Weizen. Man backte daraus Brot (*panis*), oder man aß Weizenschrot, mit Wasser und Salz gekocht, als Brei (*puls*). Aber auch Gemüse und Kräuter gehörten zur Ernährung. Die meisten uns bekannten Gemüse- und Salatsorten wuchsen schon in den Gärten der Römer. Die einfachen Leute, die nur selten Fleisch essen konnten, ernährten sich hauptsächlich von Erbsen, Bohnen und Kohl. Äpfel, Birnen, Pflaumen und Feigen ergänzten die Nahrung. Kirsch-, Aprikosen- und Pfirsichbäume aus Asien wurden im 1. Jh. v. Chr. in Italien heimisch. Als Speisefett diente hauptsächlich das aus Oliven gepreßte Öl. Auch Feinschmecker kamen im alten Rom auf ihre Kosten. Das zeigt das Kochbuch des Römers Apicius. Hier ein Rezept:

Pullum Frontonianum – Huhn à la Fronto

Pullum praedura; condies liquamine, oleo mixto, cui mittis fasciculum anethi, porri, satureiae, et coriandri viridis, et coques. Ubi coctus fuerit, levabis eum, in lance defrito perungues, piper aspargis et inferes.

Brate das Huhn an, würze es mit einer Mischung von *liquamen* (einer scharfen Sauce) und Öl sowie mit einem Bündel von Dill, Lauch, Bohnenkraut und frischem Koriander und lasse es schmoren. Wenn das Huhn gar ist, nimm es heraus, lege es auf eine Platte, gieße *defritum* (eine Sauce aus eingedicktem Most) darüber, bestreue es mit Pfeffer und serviere. (VI, 12)

Lektion 5

A Wer wird Konsul?

Prīmā hōrā multī Rōmānī in viīs sunt. Etiam agricolae ē vīcīs Rōmam properant. Interrogat Lūcius Mārcum: „Salvē, Mārce! Cūr iam māne in viā es? Etiamne tū Rōmam in Campum Mārtium
5 properās?" – „Ita, Lūcī; in Campum Mārtium properō. Nam hodiē populus Rōmānus cōnsulēs novōs creat. Itaque egō domī nōn maneō: Cīvis[1] Rōmānus sum."
Clāmant aliī: „Quid vōs putātis, amīcī? Quis cōnsul erit[2]? Num Metellus[3] victor erit[2]?"
10 „Ignōrāmus, vīcīnī. Sed cūnctī candidātī nōbīs nōn placent, nam amīcī mercātōrum aut senātōrum sunt. Nōs autem agricolae sumus. Candidātī minimē amīcī agricolārum sunt. Dīc, Mārce: Quem tū optimum candidātum
15 putās?"
Mārcus respondet: „Egō quidem Hortēnsium[4] optimum candidātum putō. Metellus[3] malus cōnsul erit[2]. Ōrō tē, Lūcī, venī mēcum! Ōrō vōs cūnctōs, amīcī, venīte mēcum! Creāte
20 Hortēnsium[4] cōnsulem! Hortēnsius optimus cōnsul erit[2]."

1 cīvis (Nom. Sg.) m.: Bürger   2 erit (von esse): er wird sein   3 Metellus: Metellus (= Quintus Caecilius Metellus, Konsul 69 v. Chr.)   4 Hortēnsius: Hortensius (= Quintus Hortensius Hortalus, Konsul 69 v. Chr.)

Römer in der weißen Toga (*toga candida*).
Die weiße Toga trug, wer sich um ein Staatsamt bewarb.

Lektion 5

Ein Verb wird konjugiert: die drei Personen (1. Pers. ich/wir, 2. Pers. du/ihr, 3. Pers. er, sie, es/sie) werden bezeichnet durch Personalendungen:

1. Pers. Sg. -ō	1. Pers. Pl. -mus
2. Pers. Sg. -s	2. Pers. Pl. -tis
3. Pers. Sg. -t	3. Pers. Pl. -nt

	1	2	3	4	5	
1. Sg.	laudō	videō	veniō	currō	capiō	sum
2. Sg.	laudās	vidēs	venīs	curris	capis	es
3. Sg.	laudat	videt	venit	currit	capit	est
1. Pl.	laudāmus	vidēmus	venīmus	currimus	capimus	sumus
2. Pl.	laudātis	vidētis	venītis	curritis	capitis	estis
3. Pl.	laudant	vident	veniunt	currunt	capiunt	sunt

laudāre   vidēre   venīre
Imperative

Sg. laudā!	vidē!	venī!	curre!	cape!	es!
Pl. laudā-te!	vidē-te!	venī-te!	curri-te!	capi-te!	es-te!

Die Personalpronomina der 1. und 2. Person

Nom.	egō – ich	tū – du	nōs – wir	vōs – ihr
Gen.	–	–	–	–
Dat.	mihi	tibi	nōbīs	vōbīs
Akk.	mē	tē	nōs	vōs
Abl.	mē	tē	nōbīs	vōbīs

In Verbindung mit der Präposition *cum* lauten die Ablative:

    mēcum   tēcum   nōbīscum   vōbīscum

Der Nominativ des Personalpronomens steht zur Hervorhebung der in der Verbalendung bereits ausgedrückten Person.

Der Vokativ ist der Kasus der Anrede. Er hat nur im Sg. m. der ō-Deklination eigene Endungen. Sonst ist er gleich dem Nominativ.

    Mārcus – Mārc-e   vīcīnī – vīcīnī
    amīcus – amīc-e   amīcī – amīcī

Nomina, die auf *-ius* enden, zeigen im Vokativ nur das -ī:

    Lūcius – Lūc-ī

Lektion 5

B 1 *Schreiben Sie ab und ergänzen Sie, bevor Sie übersetzen, die Sätze*

1. Quō[1] properātis, vīcīnī? – „In Campum Mārtium ~~~ !"
2. Ubī labōrās, Syre? – „In aulā ~~~ ."
3. Quid in vīllā agitis, ancillae? – „Familiae ~~~ , ~~~ ."
4. Quem Mārcus laudat? – Mārcus Hortēnsium ~~~ .
5. Māne dominus clāmat: „Ad labōrem ~~~ , ~~~ !"
6. Dominus Syrō dīcit: „Magnam arborem ~~~ , ~~~ !"
7. Theophēmus cēterīs mercātōribus: „Mercuriō deō grātiās ~~~ !"

[1] quō: wohin?

mit passenden Wörtern aus folgender Liste (es bleiben Wörter übrig):

labōrō – laudat – labōrāmus – properāmus – Syre – cēnam parāmus – properāte – domine – laudant – domina – caede – agite – servī – mercātōrēs – agis – properō – properās – currite – curritis.

B 2 *īgnōrāmus ist „1. Pers. Pl. Präsens von īgnōrāre – nicht wissen". Bestimmen Sie entsprechend:*

comparō – audītis – audīte – salūtā – vigilāte – aedificāmus – portāre – salūtās – respondē – vīsitāte – invītā – vocō – vendis – creant – dīcit – ōrō – placet – amāmus.

B 3 *Bestimmen und übersetzen Sie die Formen:*

- **-a** amīca – amīcā – amā – invītā – vīta – via – viā – intrā – grātia;
- **-ō** populō – portō – audiō – morbō – egō – laetō – lūdō – laudō – cūrō – currō – videō – deō – lectō – placeō;
- **-es** timēs – timōrēs – cōnsulēs – vidēs – victōrēs – respondēs – es.

B 4 *Schreiben Sie ab und setzen Sie in die folgenden Sätze*

1. Parāte ~~~ cēnam bonam, amīcī!
2. Līberā ~~~ magnō timōre!
3. Dīcite ~~~ : „Quem optimum cōnsulem putātis?"
4. ~~~ Hortēnsium laudō.
5. Quis ~~~ in silvā labōrat, Syre?

ein passendes Personalpronomen aus der folgenden Liste ein (Mehrfachnennungen möglich):

nōbīs – nōs – tē – vōs – mihi – tēcum – nōbīscum – egō.

Lektion 5

*B 5 Orātor cīvēs Rōmānōs laudat. – Orātōrēs cīvēs Rōmānōs laudant.

Verändern Sie den Numerus des Prädikats (und, wenn nötig, des Subjekts) in den folgenden Sätzen:

1. Num hodiē domī manēs, amīce? – 2. Libenter tibi grātiās agō. – 3. Saepe amīcōs bonōs invītō. – 4. Mercātor in prōvinciās Rōmānās nāvigat. – 5. Curre in campum et labōrā, serve!

S Der römische Staat. Den Begriff *res publica* (Staat, Gemeinwesen) erklärt der römische Staatsmann und Schriftsteller Cicero mit *res populi* – Sache des Volkes, und das hieß in Rom: Sache der männlichen erwachsenen Bürger. Die Bürger wählten in der Volksversammlung (*populus*), die nur in der Hauptstadt Rom zusammentrat, die jeweils ein Jahr amtierenden Beamten und stimmten über Gesetze (*leges*) ab. Die zweite politische Kraft in der *res publica* war der Senat (*senatus*: „Ältestenrat"). Die auf Münzen und in Inschriften begegnende Abkürzung SPQR nennt diese beiden Kräfte, die in republikanischer Zeit politisch bestimmend waren: *Senatus Populusque Romanus*.

Im Senat versammelten sich ursprünglich die Oberhäupter der Adelsfamilien, sie wurden mit *patres* angeredet. Später gehörten auch nichtadlige Bürger dem Senat an, nachdem sie ein Staatsamt ausgeübt hatten. In der Anrede *patres conscripti* (Väter und „Dazugeschriebene") kommt die unterschiedliche Herkunft der Senatsmitglieder zum Ausdruck. Offiziell hatte der Senat nur die Aufgabe, die vom Volk gewählten hohen Beamten zu beraten. Tatsächlich kam es jedoch selten vor, daß selbst ein Konsul gegen einen Beschluß oder auch nur gegen eine Empfehlung des Senats handelte. Dieser war bis zum Ende der Republik das eigentliche Machtzentrum, im Senat wurde die römische Innenpolitik und vor allem die Außenpolitik gemacht.

Die Ausübung eines Staatsamtes war grundsätzlich auf ein Jahr beschränkt, und jedem Beamten stand mindestens ein gleichberechtigter Kollege zur Seite. Legte einer gegen eine Anordnung des anderen Einspruch ein, wurde die Anordnung hinfällig. Die Begrenzung der Amtsdauer und die Kontrolle durch Kollegen sollten Ehrgeiz und Machtstreben einzelner Politiker in Schach halten. Nur in Krisenzeiten übertrug man die Gewalt einem einzelnen, einem *dictator* – aber nur für sechs Monate.

Die obersten Regierungsbeamten waren die beiden consules, im Krieg waren sie normalerweise auch die Heerführer. Für die Rechtsprechung waren die Prätoren (*praetores*) zuständig. Die Ädile (*aediles*) hatten die Aufsicht über Tempel und Märkte sowie über die Gladiatoren- und Zirkusspiele in der Hauptstadt. Die Quaestoren (*quaestores*) verwalteten die Staatskasse. Die alle fünf Jahre gewählten Zensoren (*censores*) stellten die Bürgerliste auf und setzten die Höhe der Vermögenssteuern fest. Sie hatten auch das Recht, Bürgern das Bürgerrecht abzuerkennen, ja sogar

Senatoren aus dem Senat zu entfernen, wenn deren Lebensweise nicht den althergebrachten römischen Sitten entsprach. Ein politisches Amt von besonderer Art war das der Volkstribunen (s. Lektion 15).

Die römische Ämterlaufbahn (*cursus honorum*) war streng geregelt. Um das erste Amt, die Quästur, konnte ein Römer sich mit 31 Jahren bewerben. Frühestens zwei Jahre nach Beendigung eines Amtsjahres durfte er sich für das nächsthöhere Staatsamt zur Wahl stellen. Alle Staatsämter waren Ehrenämter (*honores*), also unbesoldet. Kandidatur und Amtsführung waren oft sogar mit hohen Kosten verbunden, so daß sich nur Bürger mit großem Vermögen bewerben konnten. Die Kandidaten für die höheren Staatsämter kamen fast immer aus dem römischen Adel. Einem Außenseiter (*homo novus*) gelang es nur selten, Konsul zu werden.

Modernes Stadtwappen Roms

Lektion 6

A Geht die Provinz Asia verloren?

Rēs pūblica Rōmāna et Asia prōvincia magnō in perīculō[1] sunt. Mithridātēs[2] rēx magnō cum exercitū[3] Asiam prōvinciam invādit; iam multōs Rōmānōs et sociōs populī Rōmānī necāvit[4].
5 Tertiā hōrā diēī cōnsulēs senātōrēs in cūriam vocant, nam salūtī reī pūblicae cōnsulere dēbent. Rōmānī in viīs sunt et multōs senātōrēs vident. Rōmānī cūnctōs senātōrēs in cūriam properāre vident. Magnā cum spē ante cūriam manent. Multī autem interrogant: „Num cōnsulēs senātōrēsque Asiam prōvinciam ā Mithridāte[2] servābunt[5]?"
10 Diū hominēs ante cūriam stant; tandem cōnsulēs senātōrēsque ē cūriā venīre vident. Cōnsul ad populum ōrat et dīcit: „Vōs iam multōs diēs magnō in timōre esse scīmus. Sed fidem nōbīs habēte,

1 perīculum (Nom. und Akk. Sg.): Gefahr 2 Mithridātēs, Mithridātis: Mithridates (König am Schwarzen Meer, Feind der Römer) 3 exercitū (Abl. Sg.) m.: Heer 4 necāvit (von necāre): er hat getötet 5 servābunt (von servāre): sie werden erretten

33

Lektion 6

Münze. Vorderseite: Mithridates VI. Eupator, König von Pontus. Rückseite: Äsender Pegasus, persönliches Wappentier des Mithridates VI.; der Stern im liegenden Halbmond ist Bestandteil des Wappens der Dynastie, zu der Mithridates VI. gehörte. Die Legende lautet: (Münze) des Königs Mithridates Eupator.

nam nōs cōnsulēs vōbīs reīque pūblicae semper cōnsulimus. Senātus[6] L. Cornēlium Sullam[7], magnum bonumque imperātōrem, in Asiā cum Mithridāte[2] rēge pūgnāre iubet. Perīculum[1] abesse vidētis. Spem salūtis habēte!"
Rōmānī nunc causam timōris nōn iam adesse audiunt. Multī laetī sunt et gaudent. Sed dīcit aliquis: „Egō quidem neque cōnsulibus neque senātōribus fidem habeō, nam multōs senātōrēs amīcos Mithridātis[2] rēgis esse sciō. Multōs senātōrēs pecūniam ā rēge accipere cōnstat."

6 senātus (Nom. Sg.) m.: der Senat   7 L. Cornēlius Sulla: Lucius Cornelius Sulla (römischer Politiker und Feldherr)

Die ē-Deklination

	Sg.	Pl.
Nom.	r-ēs	r-ēs
Gen.	r-eī	r-ērum
Dat.	r-eī	r-ēbus
Akk.	r-em	r-ēs
Abl.	r-ē	r-ēbus

Die Wörter der e-Deklination sind feminin, nur *diēs* ist maskulin.

> Weitere Substantive der konsonantischen Deklination:
>
> Nom. rēx   (aus rēg-s)   Gen. rēg-is
>   salūs (aus salūt-s)   salūt-is
>   homō   homin-is
>
> Die Nominative der Wörter der kons. Deklination haben verschiedene Wortausgänge; erst der Genitiv zeigt den Stamm. Deswegen muß beim Vokabellernen zusammen mit dem Nominativ der Genitiv eingeprägt werden. Also:
>
>   salūs, salūtis   rēx, rēgis   homō, hominis
>
> „Konsonantisch" heißt diese Deklination, weil der letzte Buchstabe des Stammes ein Konsonant ist.

Rōmānī	*senātōrēs*	vident.
(Subj.)	(Akk. Obj.)	(Präd.)
Rōmānī	*senātōrēs properāre*	vident.
(Subj.)	(Akk. Obj.)	(Präd.)
Die Römer sehen	die Senatoren eilen.	(dt. AcI)
Die Römer sehen,	die Senatoren eilen.	(beigeordneter Hauptsatz)

oder:

Die Römer sehen, daß die Senatoren eilen. (daß-Satz)

Die Satzstelle eines Akkusativobjekts kann auch ein Wortblock, bestehend aus einem Akkusativ und einem Infinitiv, füllen; der Wortblock **accusativus cum infinitivo**, AcI, ersetzt einen Gliedsatz: Der Akk. hat den Wert eines Subjekts, der Infinitiv den Wert eines Prädikats. Der AcI steht als abhängige Aussage, meist bei Verben, die ein Wahrnehmen, Sagen, Denken ausdrücken.

Der AcI kann seinerseits durch weitere Satzglieder ergänzt werden: Rōmānī senātōrēs *in cūriam properāre* vident.
Der Infinitiv Präsens drückt aus, daß die Handlung des AcI gleichzeitig mit der Handlung des Prädikats geschieht.

Lektion 6

B1 *Stellen Sie den* AcI *fest und übersetzen Sie ihn als abhängige Aussage (a) mit beigeordnetem Hauptsatz, (b) mit „daß-Satz":*

1. Mārcus amīcōs per viās currere videt. – 2. Orātor Hortēnsium cōnsulem bonum esse dīcit. – 3. Mārcus dīcit: „Mercātōrēs in prōvinciās Rōmānās nāvigāre et multās dīvitiās parāre scīmus." – 4. Cōnsulēs dīcunt: „Nōs rem pūblicam amāre et vōbīs bene cōnsulere scītis, Rōmānī." – 5. Medicus dīcit: „Morbum amīcī malum esse sciō."

*B2 Was sagt Gaius?

Gāius equum per aulam currere dīcit. Gāius dīcit: *„Equus per aulam currit."*

Verwandeln Sie ebenso in den folgenden Sätzen die abhängige Aussage (AcI) in eine selbständige:

1. Gāius senātōrēs cūriam intrāre dīcit.
2. Gāius Lūcium multōs amīcōs ad cēnam invītāre dīcit.
3. Gāius familiam laetam esse dīcit.
4. Gāius Rōmānōs in Campō Mārtiō cōnsulēs creāre dīcit.

*B3 Mārcus videt: Servī magnam arborem caedunt. Mārcus *servōs* magnam arborem *caedere* videt.

Verwandeln Sie auch in den folgenden Sätzen die selbständige in eine abhängige Aussage:

1. Lūcius videt: Amīcus per aulam properat. – 2. Orātor dīcit: Rēx Asiam prōvinciam opprimit. – 3. Orātōrēs dīcunt: Senātōrēs perīculum[1] reī pūblicae nōn vident. – 4. Cōnsul putat: Populus Rōmānus senātōribus fidem habet.

[1] perīculum (Nom. u. Akk. Sg.): Gefahr

B4 *Schreiben Sie aus* A *und aus* B1 – B3 *alle Verben heraus, bei denen ein AcI steht.*

B5 *Deklinieren Sie mündlich und schriftlich:*

rēs pūblica – diēs laetus – homō novus.

B 6 *Ordnen Sie die Wörter in eine Tabelle nach dem unten aufgeführten Muster ein und bestimmen und/oder übersetzen Sie:*

labōre – labōrāre – bene – minimē – opprimere – dē – amīce – spē – diē – cognōscere – clāmāre – rēge – līberāte – Rōmāne – hodiē – date – salūte – salūtāte – salūtāre – ē – capite – ante – esse – rē – parāre – saepe – fidē – homine – dare – lūde – quaerite.

Verb	Nomen	Adverb	Präposition

S Provinzen. Als die Römer 241 v. Chr. mit Sizilien zum ersten Mal ein Gebiet außerhalb des italischen Festlandes eroberten, entwickelten sie ein neues System der Verwaltung. Bis dahin waren die besiegten Städte und Stämme meist *socii* geworden, Bundesgenossen ohne das Recht auf eine eigenständige Außenpolitik; jetzt wurde Sizilien die erste römische Provinz. Eine *provincia* war ein genau festgelegtes Gebiet, das einem römischen Statthalter unterstand und Rom steuerpflichtig war. Der Statthalter, der im allgemeinen den Titel *proconsul* oder *propraetor* führte, wurde vom Senat beauftragt, für jeweils ein Jahr die Provinz zu verwalten, auf Ordnung und Gehorsam gegenüber Rom zu achten und vor allem dafür zu sorgen, daß die Abgaben und Steuern gezahlt wurden, die eine Haupteinnahmequelle des römischen Staates waren. Die örtliche Selbstverwaltung wurde dagegen den Gemeinden und der einheimischen Führungsschicht überlassen, die man durch Privilegien wie die Verleihung des römischen Bürgerrechts an Rom zu binden suchte.

Das Einziehen der Steuern oblag den *publicani*, Steuerpächtern oder -pachtgesellschaften. Sie zahlten im voraus eine bestimmte Summe an den römischen Staat, die sie dann mit möglichst viel Gewinn und häufig rücksichtslos bei der Bevölkerung der Provinz eintrieben. Sie waren entsprechend verhaßt. Auch manche Statthalter konnten der Versuchung nicht widerstehen, gegenüber den fast rechtlosen Untertanen ihre Macht zu mißbrauchen. Zwar konnten diese nach Rom vor Gericht gehen, doch versprach das nur Erfolg, wenn sie einen einflußreichen *patronus* fanden, der sich für sie und ihre Belange einsetzte.

Die Lage der Provinzen besserte sich erst, als die Kaiser im 1. Jh. n. Chr. die Provinzverwaltung neu ordneten und überwachten. Die Statthalter blieben nun meist längere Zeit im Amt, wurden vom Staat besoldet und durch die Kaiser kontrolliert, die oft persönlich in die Provinzen reisten, um an Ort und Stelle nach dem Rechten zu sehen.

Römische Provinzen waren z. B. *Sardinia, Hispania, Macedonia* (Landschaft im Norden Griechenlands), *Africa* (das heutige Tunesien) oder *Gallia Narbonensis* (Südfrankreich). Eine besonders reiche Provinz, die stets von einem ehemaligen Konsul verwaltet wurde, war *Asia*, der Westteil der heutigen Türkei. Auch ein Teil der heutigen Bundesrepublik gehörte zum römischen Reich: die Provinzen *Germania superior* und *Germania inferior* (s. Lektion 9). Um 120 n. Chr. bildeten etwa 40 Provinzen das *Imperium Romanum*. In den Provinzen breiteten sich römische Lebensweise, Baukunst, Rechtsprechung und nicht zuletzt die lateinische Sprache aus.

Lektion 7

A Ein Besuch des Forums und des Marsfeldes

Lūcius: „Peregrīnus[1] sum; ex parvō oppidō Italiae Rōmam vēnī[2]. Campum Mārtium īgnōrō, etiam forum Rōmānum mihi īgnōtum est. Forum vidēre cupiō, nam multa aedificia clāra in forō
5 Rōmānō esse sciō. Ōrō tē, Mārce, ī mēcum in forum!"
Mārcus: „Libenter tēcum eō. In forum īre tibique templa deōrum vel alia aedificia forī mōnstrāre mihi gaudiō est."

Mārcus cum Lūciō forum adit; viā arduā[3] ad Capitōlium eunt; via amīcīs magnō labōrī est. Dē Capitōliō forum spectant.

10 Lūcius: „Vidēsne id[4] magnum aedificium? Dīc mihi nōmen aedificiī!"
Mārcus: „Nōmen aedificiī ‚Basilica Iūlia'[5] est. Magnum opus est."

Lūcius id[4] opus multaque alia aedificia forī cum gaudiō spectat. Tum amīcī forō exeunt, Campum Mārtium ineunt. In Campō Mārtiō magnō theātrō appropinquant.

15 Mārcus: „Theātrum temporibus Pompēī aedificātum est[6]. Ecce, in tabulā nōmen Pompēī est. Ita hominēs memoriam nōminis Pompēī etiam hodiē servant. In theātrō opera et fābulae poētārum antīquōrum aguntur[7]."
Lūcius: „Nōmina et opera poētārum clārōrum nōn īgnōrō, sed
20 multīs in operibus et fābulīs tempora sōlum antīqua tractantur[8]. Fābulae antīquōrum temporum mē nōn dēlectant."
Mārcus: „Multa iam spectāvimus[9]; cūncta vidēre hodiē nōbīs nōn licet, nam tempus nōbīs dēest. Itaque mēcum domum abī, amīce!"

1 peregrīnus, a, um: fremd   2 vēnī: ich bin gekommen   3 arduus, a, um: steil   4 id (Nom. und Akk. Sg.) n.: dies, dieses   5 Basilica Iūlia: die „Basilica Iulia" (eine unter C. Iulius Caesar gebaute Markthalle)   6 aedificātum est: es wurde gebaut   7 aguntur: sie werden aufgeführt   8 tractantur: sie werden behandelt   9 spectāvimus: wir haben betrachtet

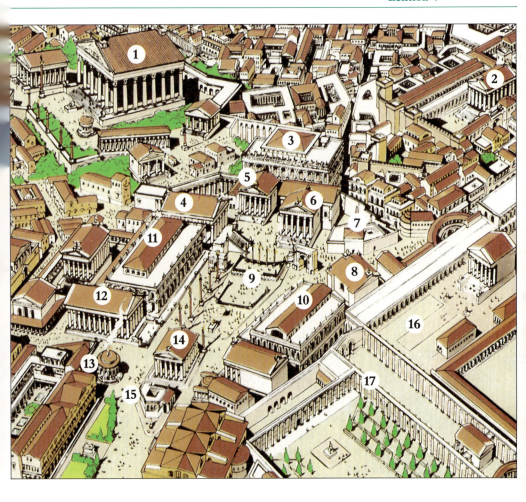

Forum Romanum in der späten Kaiserzeit. Moderne Rekonstruktion

1 Tempel des Jupiter
2 Tempel der Juno sowie Burg und Münze
3 Staatsarchiv
4 Tempel des Saturn und Staatsschatz
5 Tempel des vergöttlichten Kaisers Vespasian (6–79 n. Chr.)
6 Tempel der staatlichen Eintracht (*Templum Concordiae*)
7 Kerker (*Carcer*)
8 Rathaus (*Curia*)
9 Rednertribüne
10 Markt- und Gerichtshalle (*Basilica Aemilia*)
11 Markt- und Gerichtshalle (*Basilica Iulia*)
12 Tempel des Castor und Pollux
13 Vestatempel mit dem ewigen Feuer sowie Haus der Vestapriesterinnen
14 Tempel des vergöttlichten Caesar (100–44 v. Chr.)
15 ehemaliges Königshaus, nach der Vertreibung der Könige Haus des Oberpriesters
16 Forum des Caesar
17 Kaiserforen

Lektion 7

Der Stamm des Verbs īre ist **i-** vor Konsonanten und **e-** vor Vokalen.

	Sg.	Pl.		
Präsens	eō	īmus	Imperativ	ī!
	īs	ītis		īte!
	it	eunt		

Die Neutra der ō- und der konson. Deklination

ō-Deklination

Nom.	for-um	for-a
Gen.	for-ī	for-ōrum
Dat.	for-ō	for-īs
Akk.	for-um	for-a
Abl.	for-ō	for-īs

konson. Deklination

Nom.	tempus	tempor-a	nōmen	nōmin-a
Gen.	tempor-is	tempor-um	nōmin-is	nōmin-um
Dat.	tempor-ī	tempor-ibus	nōmin-ī	nōmin-ibus
Akk.	tempus	tempor-a	nōmen	nōmin-a
Abl.	tempor-e	tempor-ibus	nōmen	nōmin-ibus

Für alle Neutra gilt: 1. Nom. und Akk. sind gleich; 2. Der Plural hat im Nom. und Akk. den Wortausgang **-a.**

... mihi gaudiō est. (... „ist mir zur Freude"). Wir übersetzen: ... bringt (macht, bereitet) mir Freude.
In forum īre mihi gaudiō est. Aufs Forum zu gehen macht mir Freude.
Via amīcīs magnō labōrī est. Der Weg macht den Freunden große Mühe.

Lektion 7

B1 operibus: *Die Grundform dazu lautet „opus, operis n. Werk; Arbeit".
Nennen Sie ebenso die Grundformen:*

morbīs – tempora – cēnae – servō – templō – diē – theātrōrum – vītam – deōrum – temporum – cōnsulum – diērum – rēbus – poētās – salūtī – mūrōs – gaudium – oppidīs – rēgis – tabula – nōmina – cōnsulis – nōminis – templīs – fora – hōrā – speī – hominum.

B2 antīquīs temporibus *ist Ablativ auf die Frage „Wann?" = „in alten Zeiten". Bestimmen Sie ebenso die Verwendung der Kasus der kursiv gedruckten Wörter und übersetzen Sie:*

templa *deōrum* – gaudium *fābulārum antīquārum* – salūs *incolārum* – *pīrātae mihi timōrī* sunt – *multōs diēs* absunt – exīmus *viā parvā* – memoria *temporum antīquōrum* – medicus Lūciō aegrōtō *salūtī* est.

B3 *Schreiben Sie ab und setzen Sie dabei zu den Substantiven*

rēgī – homō – viās – nōminī – salūs – poētārum – opus – rērum – temporis – theātra – temporī – cōnsulis – poētās – gaudia – operum – oppidīs – incolae – cūria

nach KNG-Kongruenz und Sinn passende Adjektive aus folgender Liste (es bleiben Adjektive übrig):

multa – multōs – parvās – bonus – parvō – bonum – bonō – magnum – multōrum – multīs – īgnōtus – magnārum – magnum – īgnōtōs – nova – magna – clāra – antīquae – magnus – pūblicārum – bonī – magnī – īgnōtī.

B4 *Bestimmen und übersetzen Sie die Formen:*

exeō – inīmus – exīs – adeunt – abī – exītis – exīte – ineō – inīs – adit.

B5 *Deklinieren Sie im Sg. und Pl.:*

magnum opus – tempus antīquum – rēs pūblica.

Lektion 7

Das antike Rom in der Kaiserzeit

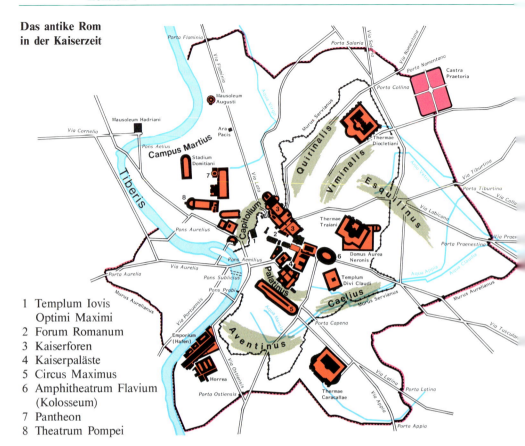

1 Templum Iovis Optimi Maximi
2 Forum Romanum
3 Kaiserforen
4 Kaiserpaläste
5 Circus Maximus
6 Amphitheatrum Flavium (Kolosseum)
7 Pantheon
8 Theatrum Pompei

C* Wo tagte der Senat?

In foro Marcus amicis dicit: „Ecce curiam antiquam. In curiam consules saepe senatores vocant et de re publica consulunt. Curiam parvum aedificium esse videtis. Senatoribus cunctis in curia locus non est. Itaque senatores in templa aliaque aedificia fori ire debent, cum[1] consul senatores de magnis rebus consulere cupit et multi senatores de re publica orare vel oratores audire cupiunt. Saepe senatores in templum Concordiae[2] vel in templum Iovis Optimi Maximi[3] eunt. Populus ante templum convenit, nam etiam cives[4] Romani oratores audire cupiunt."

1 cum: wenn   2 templum Concordiae: Tempel der Göttin Concordia (=Tempel der Eintracht; auf dem Forum Romanum)   3 templum Iovis Optimi Maximi: Tempel des Iupiter Optimus Maximus (Iovis ist Genitiv zu *Iupiter*; auf dem Kapitolshügel)   4 cīvēs (Nom. Pl.) m.: Bürger

Lektion 8

(Wegen einiger zusätzlicher Vokabelangaben zu Text A wird empfohlen, den S-Text dieser Lektion vorher zu bearbeiten.)

A Ein blutiges Volksvergnügen

Tiberius, quī lūdōs gladiātōriōs valdē amat, cum Lūciō in amphitheātrum it. Nam hodiē imperātor lūdōs dat.
Tiberius Lūcium interrogat: „Vidēsne bēstiās, quae ex Āfricā sunt?
5 Spectā ursum[1], quōcum hodiē leō pūgnat. Vidē! Gladiātōrēs veniunt!"
Spectātōrēs virōs, quī magnā et pulchrā pompā[2] in arēnam intrant, clāmōre salūtant. Tum imperātor sīgnum pūgnae dat.
Duō gladiātōrēs, quibus mortifera[3] arma sunt, prīmī in arēnā pūg-
10 nant: Thrāx et rētiārius. Thrāx gladiō cum rētiāriō pūgnat, cui rēte et fuscina arma sunt. Spectātōrēs, quōrum numerus magnus est, virōs magnō clāmōre ad pūgnam incitant.
Tandem rētiārius Thrācem, cuius gladius frāctus est[4], rēte involvit. Vir miser victōris clēmentiam implōrat. Spectātōrēs imperātōrem
15 virum miserum mittere iubent, nam magnā virtūte pūgnāvit[5].

1 ursus, ī m.: Bär   2 pompa, ae f.: Aufmarsch
3 mortifer, -fera, -um: tödlich   4 (gladius) frāctus est: es zerbrach, es ist zerbrochen
5 pūgnāvit: er hat gekämpft

Öllampe aus Terrakotta, auf der zwei Gladiatoren zu sehen sind. Einer liegt am Boden.

15 Tum aliī gladiātōrēs cum bēstiīs pūgnant. Virī bēstiās, quae ē portīs carceris prōvolant[6], sagittīs[7] caedunt.
Tandem leō et ursus[1] in arēnam currunt. Bēstiae, quās duō servī ad pūgnam incitant, diū pūgnant. Leō vincit; servī ursum[1], quī multīs vulneribus cōnfectus[8] est, ex arēnā trahunt.
20 Interrogat Tiberius Lūcium: „Dēlectantne tē lūdī, amīce?" Respondet Lūcius: „Minimē dēlectant. Egō spectācula, quae vidēmus, nōn pulchra, sed inhūmāna esse putō. Glōria, quam illī[9] virī miserī petunt, glōria mala est. Egō quidem dīcō: Quī homō amphitheātrum init, bēstia ex amphitheātrō exit."

6 prōvolāre: hervorstürmen   7 sagitta, ae f.: Pfeil   8 cōnfectus: geschwächt
9 illī (Nom. Pl.) m.: jene

Das Relativpronomen

	m.	f.	n.			
Sg.	quī	quae	quod	der	die	das
	cuius	cuius	cuius	dessen	deren	dessen
	cui	cui	cui	dem	der	dem
	quem	quam	quod	den	die	das
	quō	quā	quō	(z. B.) durch den	durch die wodurch	
Pl.	quī	quae	quae	die		
	quōrum	quārum	quōrum	deren		
	quibus	quibus	quibus	denen		
	quōs	quās	quae	die		
	quibus	quibus	quibus	(z. B.) durch die		

In Verbindung mit *cum*: quōcum, quācum, quibuscum

Das Relativpronomen stimmt mit seinem Beziehungswort in Numerus und Genus überein (NG-Kongruenz).

Virī, quōs spectātōrēs salūtant... *Bēstia, quam* gladiātor caedit...

Der Kasus des Relativpronomens muß (außer im Genitiv) vom Prädikat des Relativsatzes her erfragt werden.

Steht der Relativsatz an erster Stelle, heißt quī „Wer..., (der...)"

Lektion 8

Duō gladiātōrēs prīmī pūgnant. Die Verwendung von *prīmī* in diesem Satz nennt man prädikativ, weil *prīmī* hier nicht als Attribut zu gladiātōrēs („die ersten zwei Gl.") steht, sondern wie eine adverbiale Bestimmung das Prädikat erläutert. Wir übersetzen mit einem Adverb („zuerst") oder mit dem Zusatz „als": Sie kämpften zuerst – Sie kämpften als erste.

Auch Substantive können prädikativ verwendet werden:
Quī *homō* in amphitheātrum intrat…: „Wer *als* Mensch…"

ō-Deklination auf -r

Adjektive

Nom.	pulcher	pulchr-a	pulchr-um	miser	miser-a	miser-um
Gen.	pulchr-ī	pulchr-ae	pulchr-ī	miser-ī	miser-ae	miser-ī
	…	…	…	…	…	…

Substantive: Nom. vir
Gen. vir-ī
…

B 1 *Gladiātor, quī* magnā virtūte pūgnat…
Spectā *virōs, quī* in arēnam intrant!
Stellen Sie entsprechend alle Relativpronomina und deren Beziehungswort im Text A fest.

B 2 Schreiben Sie ab, ergänzen Sie dabei mit passenden Relativsätzen aus der Liste unten und übersetzen Sie (es bleiben keine übrig!):
1. Bēstiae, ~~~, ex Āfricā veniunt.
2. Tiberius clāmōrem, ~~~, audit.
3. Imperātor sīgnum pūgnae, ~~~, dat.
4. Lūdī, ~~~, Lūciō nōn placent.
5. Spectātōrēs clāmōre gladiātōrēs, ~~~, incitant.
6. Virō miserō, ~~~, multa vulnera sunt.
7. Leō, ~~~, bēstia magna et pulchra est.

quī hominibus gaudiō sunt – quī cum bēstiā pūgnat – quō spectātōrēs gladiātōrēs salūtant – quae spectātōribus placet – quōcum ursus[1] pūgnat – quōrum virtūs magna est – quae in arēnam currunt.

1 ursus, ī m.: Bär

Lektion 8

B 3 gladius – gladiātor; aedificāre – aedificium

Stellen Sie entsprechend Wortableitungen oder Zusammenhänge her zu:

pūgna – virtūs – amīcus – gaudium – clāmāre – labor – ōrāre – timor – spectāre – salūs.

Erschließen Sie die Bedeutung von:

venditor – vīsitātor – fābulātor – amātor – līberātor.

B 4 *Bestimmen Sie folgende Formen von Substantiven, Adjektiven und Verben mit den Ausgängen:*

-i: virtūtī – antīquī – miserī – abī – theātrī – reī – virī – leōnī – audī – salūtī – cui – ī – diēī – pulchrī – quī – dominī;
-ae: bēstiae – miserae – quae – amīcae – pulchrae;
-a: vīlla – pūgna – pirāta – vulnera – arma – importā – pulchrā – porta – quā – spectācula – misera – spectā – salūtā.

B 5 *Nennen Sie die Grundform zu folgenden Adjektiven (Nom. Sg. m., f. und n.) und Substantiven:*

vulneribus – virtūtēs – virōs – viīs – tempora – vīta – theātrīs – diēī – spectātōris – spectāculīs – salūtī – senātōrī – virī – reī – pulchrō – miserō – virtūte – morbīs – rēgum – lectum – īgnōtum – gaudium – diērum – spē – forīs – fābulīs – dīvitiīs – armīs.

B 6 *Die Anfangsbuchstaben aller Genitive in dieser „verschlüsselten Botschaft" ergeben aneinandergereiht einen schrecklichen Ausspruch aus dem Munde eines römischen Richters:*

libenter – paramus – ludos – amphitheatrorum – diei – nomina – pulchra – nonam – ignotum – pugnam – laboris – aedificio – rem – publica – equorum – agricolas – vigilant – morbum – operis – pulchrum – valde – luditis – res – nominis – spem – non – dant – equi – multas – spei – nomina – habemus.

S **Gladiatorenspiele** *(ludi gladiatorii)* waren fast im ganzen römischen Reich ein Volksvergnügen. Kriegsgefangene, Sklaven, verurteilte Verbrecher, aber auch Freiwillige waren Mitglieder der Gladiatorentrupps, die in Kasernen für ihr Auftreten in der Arena trainiert wurden. Sie kämpften auf Leben und Tod gegeneinander; Schiedsrichter trieben sie mit Peitschenhieben an. War ein Gladiator schwer verletzt und kampfunfähig, entschied der Be-

Teil eines Mosaiks aus Tusculum, auf dem verschiedene Arten des Gladiatorenkampfes zu sehen sind

amte, der die Spiele leitete, durch Zeichen mit dem Daumen, ob der Verletzte am Leben bleiben oder ob der siegreiche Gegner ihn töten sollte. Beim Kampf unterschiedlich bewaffneter Gladiatoren, die besondere Bezeichnungen trugen, kämpfte z. B. ein „Thraker" *(Thrax, Gen. Thracis)* mit bloßem Oberkörper, jedoch durch Helm, Schild, Arm- und Beinschienen geschützt, gegen einen ungepanzerten „Netzkämpfer" *(retiarius)*. Dessen Waffen waren nur ein Fischernetz *(rete, retis, n.)*, in das er den durch seine schwere Rüstung behinderten Gegner zu verwickeln *(involvere)* versuchte, und ein Dreizack *(fuscina, ae f.)*, mit dem er ihm dann den Todesstoß versetzen konnte. Beliebt waren auch Kämpfe von Gladiatoren gegen wilde Tiere; oft vergnügten sich die Zuschauer an Kämpfen von Tieren untereinander. Verbrecher konnten von Gerichten *ad bestias*, zum Tode bei Tierhetzen, verurteilt werden. Bei den Christenverfolgungen starben auch viele Christen als Märtyrer in der Arena. An der Grausamkeit der Gladiatorenspiele nahmen nur wenige Römer Anstoß. Erst zu Beginn des 5. Jahrhunderts n. Chr. wurden sie von christlichen Kaisern endgültig abgeschafft.

Lektion 9

C. Iūlius Caesar (100 – 44 v. Chr.) hatte mit der Eroberung Galliens die Rheingrenze erreicht. Sein Nachfolger Octāviānus, der später den Beinamen Augustus erhielt, sicherte die Rheingrenze durch Kastelle und Militärsiedlungen. Der Versuch, auch das Vorfeld östlich des Rheins durch Eroberungen zu sichern, scheiterte jedoch.

A 1 Eine Schreckensnachricht aus Germanien

Lūcius: „Nōnne audīvistī, Mārce, nūntium malum, quem mercātōrēs ē Germāniā apportāvērunt?"

Mārcus: „Audīvī, sed rēs certās nōn cognōvī. Iam rūmor[1] nōbīs magnō terrōrī fuit."

Lūcius: „Germānī trēs[2] legiōnēs Rōmānās magnā pūgnā dēlēvērunt, paucī mīlitēs sē fugā servāvērunt."

Gāius: „Egō dīcō: Augustus reī pūblicae nōn bene cōnsuluit et imperium Rōmānum male ā Germānīs dēfendit."

Lūcius: „Ineptē[3] dīcis, Gāī. Augustus fīnēs imperiī multīs legiōnibus bene dēfendit. Egō mīles sub Tiberiō Caesare[4] in Germāniā fuī. Castella[5] multa ad Rhēnum posuimus."

Gāius: „Pūgnāvistīne cum Germānīs? Pūgnīsne interfuistī?"

Lūcius: „Interfuī. Germānōs multīs pūgnīs superāvimus."

Gāius: „Tē mīlitem bonum fuisse nōn īgnōrō, Lūcī; sed vōs interrogō: Nōnne spectāvistis gladiātōrēs Germānōs, quī nūper[6] in arēnā pūgnāvērunt?"

Mārcus: „Ita. Servī Germānī, quōs spectāvimus, magnā virtūte pūgnāvērunt. Itaque metuō virtūtem Germānōrum."

1 rūmor, ōris m.: Gerücht   2 trēs (Akk. Pl.) f.: drei   3 ineptē dīcis: du redest Unsinn   4 Tiberius Caesar: Tiberius Caesar (Adoptivsohn und Nachfolger des Augustus)   5 castellum, ī n.: Festung; Kastell   6 nūper (Adv.): neulich

A 2 Ein Überlebender der Varusschlacht berichtet

Multīs diēbus post mīles, quī ē clāde Vāriānā[1] fugā sē servāvit, nārrat: „Arminius, dux Cheruscōrum[2] et amīcus populī Rōmānī, Vārō imperātōrī nūntiāvit paucās gentēs[3] Germānās contrā populum

1 clādēs Vāriāna: Varusschlacht (Niederlage des röm. Feldherrn Varus mit drei Legionen im Teutoburger Wald 9 n. Chr.)   2 Cheruscī, ōrum m.: die Cherusker (ein Germanenstamm)   3 gentēs (Akk. Pl.) f.: Stämme

Gedenkstein für den Centurio M. Caelius, gefallen 9 n.Chr. auf dem Varus-Feldzug

5 Rōmānum coniūrāvisse. Vārus statim cum legiōnibus castrīs exiit et ad gentēs³ īnfēstās⁴ contendit. Arminius nōbīs iter mōnstrāvit.
Magnō labōre per silvās dēnsās iimus, castra in palūdibus⁵ posuimus. Multōs mīlitēs Rōmānōs silvās, imbrēs⁶, palūdēs⁵ magis quam Germānōs metuisse putō. Subitō Germānī īnfēstīs⁴ armīs ē silvīs
10 dēnsīs provolāvērunt⁷.
Sērō⁸ Vārus dux malam Arminiī fidem cognōvit. Mīlitēs dūcēsque sē fortiter dēfendērunt, sed paucī ē clāde Vāriānā¹ superfuērunt et ad Rhēnum rediērunt."

4 īnfēstus, a, um: feindlich; kampfbereit   5 palūdēs (Akk. Pl.) f.: Sümpfe
6 imbrēs (Akk. Pl.) m.: Regen   7 provolāre: hervorstürmen   8 sērō (Adv.): zu spät

Die Personalendungen des Perfekts:

Sg. servāv-ī   Pl. servāv-imus
    servāv-istī   servāv-istis
    servāv-it   servāv-ērunt

Infinitiv: servāv-isse

Lektion 9

Perfektkennzeichen

v - Perfekt
servāre - servāvī
audīre - audīvī

so Verben der ā- und der ī-Konjugation, sofern im Vokabelheft nichts anderes vermerkt wird

u - Perfekt
dēbēre - dēbuī

so Verben der ē-Konjugation, sofern nichts anderes vermerkt wird

Stammperfekt
dēfendere - dēfendī

einige Verben behalten den Präsensstamm im Perfekt bei

esse hat die Perfektform fuī;   īre hat die Perfektform iī.
Beachte: īstī = iistī; īstis = iistis; īsse = iisse

Übersetzung des Perfekts

Nonne audīvistī ...? ... audīvī. Hast du gehört? Ich habe es gehört (und weiß es jetzt). Konstatierendes (feststellendes) Perfekt.   Im Deutschen: Perfekt

Imperātor ad Germānōs contendit; Arminius iter mōnstrāvit. Der Feldherr *eilte* zu den Germanen; Arminius *zeigte* den Weg. Historisches (erzählendes) Perfekt. Im Deutschen: Imperfekt

Für das lateinische Perfekt gibt es also im Deutschen zwei Übersetzungsmöglichkeiten: das mit *haben* oder *sein* zusammengesetzte Perfekt oder das Imperfekt. Welche von beiden zu wählen ist, muß der Übersetzer vom Sinn der Aussage her entscheiden.

Infinitiv Perfekt

Mīles Germānōs contrā populum Rōmānum *coniūrāvisse* nūntiat. Ein Soldat meldet, daß sich die Germanen ... *verschworen haben*.

Der Infinitiv Perfekt im AcI bezeichnet die Vorzeitigkeit der abhängigen Aussage: Die Verschwörung fand *vor* der Meldung statt.

B1 Lūcius Rōmānōs castra multa in Germāniā posuisse nārrat. – Mīles Germānōs appropinquāre imperātōrī nūntiāvit.

Übersetzen Sie und erklären Sie, wie die Infinitive zeitlich zum Prädikat liegen: Welcher Infinitiv drückt Gleichzeitigkeit (GZ) *und welcher* Vorzeitigkeit (VZ) *zum Prädikat aus?*

Weitere Beispiele:

Spectātōrēs gladiātōrēs fortiter pūgnāre gaudent. – Amīcum aegrōtum fuisse īgnōrō. – Lūcius numerum spectātōrum magnum fuisse dīcit. – Mārcus Syrum gladiātōrem victōrem fuisse gaudet.

***B2** *Verwandeln Sie folgende Sätze in abhängige Aussagen (AcI):*

1. Lūcius sub Tiberiō Caesare ad Rhēnum pūgnāvit. – Scīmus.
2. Augustus bene reī pūblicae cōnsuluit. – Lūcius dīcit.
3. Cōnsulēs Asiam prōvinciam servāvērunt. – Ōrātor dīcit.
4. Amīcī ē forō iam exiērunt. – Mārcus īgnōrat.

B3 *Nennen Sie die Infinitive Präsens und Perfekt zu:*

nāvigāvit – metuistis – scīmus – dēfendimus – placuit – vigilāvit – vīsitāvērunt – timuistī – metuī – abīstī – adsunt – posuistis – exīstis – creāvimus – dēbuimus – iī – adfuistī.

B4 *Bestimmen Sie die Formen folgender Verben und Nomina:*

(1) laudā – vīcīne – metue – amāre – dēfendī – dēfendit – metuimus – salūte – fidē – salūtāvī – implōrāvimus – parāvī – gaudeō – homō – invītō – eō – iī – exīsse – capite – īsse – pūgnā – pūgnō – eunt – iērunt – nūntiō – nūntiāvērunt – inīsse.

(2) vendere – imperātōre – caede – opere – itinera – pulchra – nōmina – pūgna – poētīs – temporis – vincitis – sīgnīs – tertiō – vulneribus – nōminī – speī – lūdō – leō – certō – dūcem – itineribus – tempus – diēbus – imperia – causā – surgimus – vīcōrum.

S **Das römische Germanien.** Der Versuch, die Grenze des Imperium Romanum über den Rhein hinaus vorzuschieben, scheiterte in der Varusschlacht 9 n. Chr. Danach beschränkten sich die römischen Kaiser auf die Sicherung der Grenze an Rhein und Donau. Das Gebiet zwischen diesen Flüssen wurde von einer Grenzbefestigung (*limes*) abgeriegelt: Ein mit Holzpfählen befestigter Wall oder eine Mauer, durch Türme aus Stein gesichert, verliefen von Regensburg an der Donau bis zum Rhein bei Remagen. Das

Lektion 9

Gebiet der heutigen Bundesländer Baden-Württemberg, Rheinland-Pfalz, Saarland und das linksrheinische Nordrhein-Westfalen gehörten als Provinzen *Germania inferior* und *Germania superior* zum römischen Reich. Das heutige Bayern südlich der Donau hieß als römische Provinz *Raetia*, deren Hauptort war Augsburg — *Augusta Vindelicorum*. Städte wie Köln (*Colonia Claudia Ara Agrippinensium*), Mainz (*Mogontiacum*) und Regensburg (*Regina Castra*) sind aus römischen Militärlagern hervorgegangen. In Köln und in Regensburg ist die rechteckige Form des Römerlagers noch heute im Straßenverlauf der Altstädte zu erkennen. Auch die mit über 2000 Jahren älteste Stadt Deutschlands ist eine Gründung der Römer aus der Zeit des Kaisers Augustus: Trier — *Colonia Augusta Treverorum*.

Mit den römischen Legionen kamen auch die lateinische Sprache, römisches Recht, römische Verwaltung, römischer Straßenbau und nicht zuletzt die verschiedenen Religionen des Römerreichs in das Rheinland und nach Süddeutschland. In dem drei Jahrhunderte lang von den Römern beherrschten, von römischer Macht aber auch geschützten Gebiet konnten sich römische Kultur, Baukunst, Landwirtschaft, z. B. der Wein- und Obstanbau, ausbreiten. Leistungen des römischen Handwerks — Gläser, Keramik, Schmiedekunstarbeiten — können wir in unseren Museen bewundern. Und bis heute werden immer wieder neue Funde gemacht. In Weißenburg in Bayern entdeckte man 1979 bei der Anlage eines Spargelbeets nicht weniger als 156 Stücke eines Römerschatzes, der im 3. Jh. n. Chr. vergraben worden war; in Mainz stieß man im Winter 1981/82 bei Bauarbeiten in der Altstadt auf große Teile von römischen Schiffen aus dem 4. Jh. n. Chr.

Das Gebiet hinter dem *limes* wurde nach heftigen Angriffen der germanischen Alamannen gegen 250 n. Chr. von den Römern geräumt, die Rhein- und Donaugrenze aber noch ein Jahrhundert lang verteidigt. Erst mit Beginn der „Großen Völkerwanderung" um 376 n. Chr. endete die Römerherrschaft in Deutschland.

Abb.: Weihgabe aus Silber an die Göttin Victoria. Weißenburger Schatzfund

Lektion 10

Von Rōmulus berichtet die römische Sage: Als Sohn des Gottes Mārs und der Priesterin Ilia geboren, wurde er mit seinem Zwillingsbruder Rēmus am Tiberufer ausgesetzt und von einer Wölfin gesäugt. Später übernahm er die Königsherrschaft in Latium, gründete 753 v.Chr. Rom und wurde der erste der sieben sagenhaften Könige Roms. (Bronzemünze Constantins I.)

A 1 Das Ende des Romulus

Antīquīs temporibus rēgēs cīvitātem Rōmānam rēgnābant. Rōmulus, conditor[1] urbis Rōmae et prīmus Rōmānōrum rēx, urbem novam et lībertātem cīvium ab hostibus semper dēfendēbat imperiumque
5 populī Rōmānī augēbat. Quem Rōmānī semper magnō in honōre habēbant. Aliquandō rēx cōpiās Rōmānās recēnsēre[2] cupīvit et cīvēs Rōmānōs in Campum Mārtium vocāvit. Multās hōrās in tribūnālī[3] sedēbat, ē quō cōpiās recēnsēbat[2]. Subitō magna tempestās appropinquāvit, nimbus[4] dēnsus rēgem occultāvit. Deinde Rōmulus in
10 terrīs nōn iam fuit.
Diū cīvēs Rōmānī in Campō Mārtiō stābant et tacēbant. Tandem mīlitēs senātōrēsque magnō in timōre domum iērunt. In itinere alius alium iterum iterumque interrogābat: „Nōnne etiam tū in Campō Mārtiō aderās?" „Aderam; tōtum diem prope tribūnal[3] stābam." –
15 „Quid dīcis? Num deī Rōmulum, fīlium Mārtis deī et ducem nostrum clārum, ē terrā sustulērunt[5]?" – „Egō quidem patrēs Rōmulum necāvisse putō. Nōnne rēgem nostrum patribus invidiae esse saepe audiēbāmus?"

A 2 Eine Botschaft aus dem Jenseits

Paucīs diēbus post Proculus Iūlius senātor in cōntiōne nārrāvit: „Prīmā hōrā diēī per Campum Mārtium ībam et dē Rōmulō, rēge nostrō, cum dolōre cōgitābam. Quī subitō mihi appāruit mēque
5 vocāvit: ‚Nūntiā Rōmānīs: Deī Rōmam meam caput orbis terrārum esse et cūnctīs populīs lēgēs dare volunt[6].' Diū stābam, metuēbam. Tum Rōmulus iterum sublīmis[7] abiit." Quō ex tempore Rōmānī memoriam Rōmulī, patris patriae, semper sacram habēbant.

1 conditor, ōris m.: Gründer   2 recēnsēre: mustern   3 tribūnal, tribūnālis n.: Feldherrnsitz   4 nimbus, ī m.: Wolke   5 sustulērunt: sie haben entrückt   6 volunt: sie wollen   7 sublīmis: „in den Himmel"

Lektion 10

Die Formen des Imperfekts sind   (esse)

rēgnā-ba-m	dēfend-ē-ba-m	capi-ē-ba-m	eram
rēgnā-bā-s	dēfend-ē-bā-s	capi-ē-bā-s	erās
rēgnā-ba-t	usw.	usw.	erat
rēgnā-bā-mus			erāmus
rēgnā-bā-tis	audi-ē-bam		erātis
rēgnā-ba-nt	audi-ē-bā-s		erant
	usw.		

Das Kennzeichen des Imperfekts ist -ba- vor der Personalendung (sie lautet in der 1. Pers. Sg. -m; vergl. su-m). Verben der konsonantischen (wie dēfendere) und der ī-Konjugation (wie audīre) setzen den Bindevokal -ē- zwischen Stamm und Imperfektkennzeichen.
Das Imperfekt von īre lautet ībam.

Das lat. Imperfekt bezeichnet Handlungen, die in der Vergangenheit andauern, wiederholt oder versucht werden. Diese Handlungen sind also – anders als beim Perfekt – nicht abgeschlossen; sie werden oft durch Adverbien wie *semper, saepe, diu* oder durch vergleichbare Ausdrücke wie *totum diem, multas horas* genauer bestimmt. Übersetzt wird mit dem Imperfekt.

Wenn ein Relativpronomen einen Hauptsatz einleitet, übersetzen wir es mit einem Demonstrativpronomen (Relativischer Anschluß).

Rōmulus ... augēbat. *Quem* Rōmānī semper in honōre habēbant. *Diesen/Ihn* hielten die Römer immer in Ehren.

... dē Rōmulō cōgitābam. *Quī* subitō mihi appāruit. *Dieser/Der* erschien mir plötzlich.

Es gibt Substantive, deren Gen. Pl. die Endung -ium hat, die aber sonst nach der konsonantischen Deklination dekliniert werden. Zu ihnen gehören

cīvis	Gen.	cīv-is	(Gen. Pl.)	cīv-ium	
hostis	Gen.	host-is	(Gen. Pl.)	host-ium	
urbs	Gen.	urb-is	(Gen. Pl.)	urb-ium	

Lektion 10

Die römische Wölfin. Fußbodenmosaik im Dom Santa Maria in Siena

B1 Die Romulussage wird als geschichtliches Ereignis von dem römischen Historiker Livius (59 v. Chr. – 17 n. Chr.) berichtet. Kaiser Augustus beauftragte Künstler, Schriftsteller und Dichter, die Größe und Macht des Römischen Reiches zu verherrlichen und die Weltherrschaft Roms zu rechtfertigen (s. auch S-Text zu Lektion 20, S. 100 ff.). Welche Stellen aus A1 und A2 machen das deutlich?

B2 *Begründen Sie in* A1 *die Wahl von Imperfekt und Perfekt.*

B3 *Bestimmen Sie die Verbformen:*

supereram – rediī – posuistis – pōnēbās – petīvērunt – licēbat – vigilāvistī – dēfendistis – incitābāmus – dēerant – vincis – portābam – mōnstrāvistī – clāmātis – clāmābātis – respondī – respondē – dābāmus – eram – sum – habuistis – iniimus – inīmus – stābam – cōnsīdimus – capiēbam.

B4 *Nennen Sie die Grundform zu:*

leōnī – quī – cui – coniūrāvī – diēī – ubi – cibī – theātrī – posuī – legiōnī – gladiī – contendī – cīvī – rēgī – fideī – rediī – carcerī – cognōvī – coniūrāvī – vulnerī – gaudiī – dēlēvī – domī – scīvī – metuī – imperiī – speī – ducī.

Lektion 10

B 5 *Die „kleinen Wörter" vergißt man leicht – oder?*

nam – nunc – sed – tum – per – iam – num – ante – diū – ita – interdum – nōn iam – prope – quid – cūr – aut – circā – quis – dīc – ecce – itaque – post – sē – sub – vel – aliquis.

B 6 *Schreiben Sie ab und ordnen Sie dabei den Substantiven*

ōrātōrīs – ducem – honōribus – castrōrum – poētae – diem – vulnera – legiōnibus – cūria – lēgēs – nōmen – opere – patrum – patrem – virtūte – rēs – leōnī – nōmina

nach KNG passende Adjektive aus der folgenden Liste zu (es bleiben Adjektive übrig!):

nostrōrum – miserī – magnīs – novīs – aegrōtō – novās – īgnōtī – īgnōtum – bonō – multa – alium – cūnctārum – laetum – clāra – parvum – alium – cūnctōrum – laetum – novae – pulchrum – clārō – nova – clāra – optimum – parvam.

C* **Von der Königsherrschaft zur Republik**

Post Romulum, conditorem[1] urbis Romae et patrem patriae, alii reges rem publicam Romanam regnabant. Numa Pompilius cultum[2] deorum instituit[3] multaque templa in urbe aedificavit. Ancus Marcius etiam Latinos[4], qui vicini populi Romani erant, regnabat. Sed alii populi urbem Romam virtutemque Romanorum cum invidia spectabant. Itaque amici et hostes Romanis non deerant. Servium Tullium regem murum primum circa Romam aedificavisse Romani putabant. Populus Tarquinium Superbum, regem ultimum[5], quem propter superbiam[6] timebat, ex urbe pepulit[7] et ita rem publicam liberavit. Libertatem novam Romani diu servabant et defendebant.

1 conditor, ōris m.: Gründer   2 cultum (Akk. Sg.) m.: Kult   3 īnstituit: er, sie, es ordnete   4 Latīnī, ōrum m.: die Latiner (Nachbarvolk der Römer)
5 ultimus, a, um: der letzte   6 propter superbiam: wegen seines Übermutes
7 pepulit: er, sie, es vertrieb

S **Die römischen Könige.** Die römischen Geschichtsschreiber berichten, daß nach dem sagenhaften Gründer der Stadt noch sechs weitere Könige Rom regiert haben. Wenn diese nach heutigen Erkenntnissen auch keine historischen Gestalten waren, so spiegelt sich doch in ihnen und ihren Taten die Entwicklung des römischen Staates und der politischen, religiösen und kulturellen Einrichtungen *(institutiones)* wider. Die ersten Könige stellen zugleich exemplarische Herrschergestalten dar.

War *Romulus* der „Gründerkönig", so steht *Numa Pompilius*, sein Nachfolger, für den Typ des „Priesterkönigs". Er soll das Religionswesen geordnet, den Ablauf kultischer Handlungen geregelt und Priesterämter hinzugefügt haben. Die Vestalinnen habe er mit dem Dienst am immer brennenden Staatsfeuer im Tempel der Göttin *Vesta* auf dem Forum beauftragt.

Tullus Hostilius galt als der „Kriegerkönig". Unter ihm errang Rom, so heißt es, die Vormachtstellung unter den Nachbarvölkern. Von *Ancus Marcius*, dem vierten König, berichtet die Sage, daß er die Macht Roms weiter stärkte, die Stadt und ihren Einflußbereich vergrößerte und Roms Hafen Ostia an der Tibermündung anlegte. Sein Nachfolger *Tarquinius Priscus* soll die sumpfigen Gebiete der Stadt entwässert und auch den unterirdischen Abwasserkanal, die *cloaca maxima*, angelegt haben. Er soll auch zum ersten Mal die *ludi Romani* oder *magni* veranstaltet haben, feierliche Spiele, die Jahr für Jahr in Rom stattfanden.

Auf *Servius Tullius*, den sechsten König, führte man den *census* zurück: die Einteilung aller römischen Bürger in sechs Vermögensklassen, nach denen sich neben dem Stimmrecht auch die Zugehörigkeit zu den einzelnen Truppengattungen im Kriegsdienst richtete. Auch die sogenannte Servianische Mauer, die in der römischen Altstadt stellenweise noch heute zu sehen ist, wurde Servius Tullius zugeschrieben. Diese erste Befestigung Roms stammt jedoch, wie Forschungen ergeben haben, erst aus der Mitte des 4. Jahrhunderts v. Chr.

Der letzte König war *Tarquinius Superbus*, ein Etrusker. Er war tyrannisch und gewalttätig und wurde deshalb schließlich aus Rom vertrieben. Von da an standen zwei Konsuln an der Spitze der *res publica*. Die Bezeichnung *rex* – König behielt in Rom für immer einen negativen Beiklang.

Lektion 11

In schwierigen Rechtsfällen wurden erfahrene Juristen *(iūris prūdentēs, iūris cōnsultī)* um Gutachten gebeten. Ihre Antworten wurden als Richtschnur für spätere Fälle gesammelt und in die Sammlung von Gesetzen und anderen Rechtstexten aufgenommen, die Kaiser Iustinianus 533 n. Chr. veröffentlichte.

A Eine fahrlässige Körperverletzung mit Todesfolge

Et iuvenēs et virī Rōmānī saepe cum gaudiō pilā lūdēbant. Etiam in viīs locīsque pūblicīs interdum pilās iactābant, quamquam ibi labōrābant fabrī et erat magna cōpia hominum.

Lektion 11

Friseurszene mit Sklaven. Terrakotta aus Tanagra

Aliquandō tōnsor[1], quod tempestās bona erat, ex cōnsuētūdine fabrōrum locō pūblicō sellam[2] habuit. Acūtō cultellō[3] servum rādēbat[3]. Sed iuvenēs nōnnūllī, quī ibi pilā lūdēbant, tōnsōrem[1] nōn animadvertērunt, quod locus plēnus hominum erat.

Lūdēbant, gaudēbant, nihil malī exspectābant, cum subitō pila ad manum[4] tōnsōris[1] volāvit. Praecīsa est gula[5] servī et dominus iuvenēs, postquam eōs[6] in iūdicium vocāvit, dē morte servī accūsāvit. Quamquam iūdicium īgnōrāmus, tamen causam cognōvimus, quod nōnnūllī iūris cōnsultī dē eā[7] respondērunt.

Aliī: In tōnsōre[1] est culpa, sī ibi rādēbat[3], ubi ex cōnsuētūdine iuvenēs lūdēbant. Aliī contra: Pars culpae etiam in servō est, quod scīre dēbēbat locum, ubi tōnsor[1] rādēbat[3], plēnum perīculī esse.

Interrogātis: In quō culpa est? Quem iūdex pūnīvit? Quis dominō servī damnum restituere[8] dēbuit? An nēmō dominō servī pecūniam dēbuit, quod neque tōnsor[1] neque iuvenēs, sed mala fortūna rem dēlēvit? - Rem? - Ita. Nam Rōmānī servōs prō rēbus habēbant. Ita iūs erat, ita lēgēs Rōmānae iubēbant.

1 tōnsor, ōris m. Friseur   2 sella, ae f.: Rasierstuhl   3 acūtō cultellō rādere: mit scharfem Messer rasieren   4 manum (Akk. Sg.) f.: Hand   5 praecīsa est gula servī: „dem Sklaven wurde die Kehle durchschnitten"   6 eōs (Akk. Pl.) m.: sie   7 dē eā: über diesen (Fall)   8 damnum restituere: den Schaden ersetzen

Adverbiale Gliedsätze werden im Deutschen durch Konjunktionen wie *weil, obwohl, nachdem* eingeleitet. Zwischen einem adverbialen Gliedsatz und dem Hauptsatz besteht ein Sinnzusammenhang. Ein Gliedsatz mit der

Konjunktion		auf die Frage	gibt an	wird bezeichnet als
postquam	nachdem	wann?	Zeit	Temporalsatz
cum	als	wann?	Zeit	Temporalsatz
quod	weil, da	warum?	Grund	Kausalsatz
quamquam	obwohl	welchem Umstand zum Trotz?	Zugeständnis	Konzessivsatz
sī	wenn	unter welcher Bedingung?	Bedingung	Konditionalsatz

postquam steht in der Bedeutung *nachdem* immer mit dem Perfekt, das deutsche *nachdem* m. d. Plusquamperfekt.

Der Genitiv bezeichnet auch das Ganze, von dem ein Teil herausgehoben wird (Gen. partitivus). Frage: Wovon?
pars culpae – ein Teil der Schuld

Der Gen. part. steht vor allem bei Begriffen, die eine Menge bezeichnen:

cōpia hominum – eine Menge Menschen; plēnus perīculī – voller Gefahr; auch: nihil malī – nichts Böses

---

B 1 *Schreiben Sie ab und setzen Sie, bevor Sie übersetzen, eine oder mehrere passende Konjunktionen ein und begründen Sie Ihre Wahl (mögliche Konjunktionen sind in Klammern angegeben):*

1. Rōmānī Germānōs nōn timent, ~~~ multa castra ad Rhēnum aedificāvērunt. (quod, postquam, quamquam)
2. Culpa in tōnsōre[1] nōn est, ~~~ locō perīculī plēnō virum rādēbat[2]. (sī, quamquam, quod)
3. Iuvenēs locō pūblicō lūdēbant, ~~~ tōnsōrem[1] animadvertērunt. (quod, quamquam, postquam)
4. Lūcius lūdōs gladiātōrum nōn amat, ~~~ hominēs ibi dē vītā pūgnant. (quod, quamquam, sī)
5. Opus poētae multīs hominibus nōn placet, ~~~ dē rēbus antīquīs agit. (quod, quamquam, sī)

1 tōnsor, ōris m.: Friseur   2 rādere: rasieren

Lektion 11

B2 *Schreiben Sie ab und ordnen Sie den Hauptsätzen*

1. Rōmulus senātōribus invidiae erat, ~~~.
2. Rōmulus urbī Rōmae magnam glōriam parāvit, ~~~.
3. Dolor Proculī magnus erat, ~~~.
4. In iuvenibus culpa nōn erat, ~~~.
5. Iūdex tōnsōrem[1] nōn pūnīvit, ~~~.

alle nach Form und Inhalt passenden Gliedsätze aus der folgenden Liste zu:

quod laetī lūdēbant – quod magnō in honōre erat – sī tōnsor[1] locō pūblicō rādēbat[2] – quod Rōmulus aberat – quamquam dominus iuvenēs accūsāvit – quod fīlius Mārtis erat – quod servus in sellā[3] sedēbat – quamquam Rōmulus in forō appāruit – quod diū rēgnābat – quamquam imperium augēbat – quod urbem semper ab hostibus dēfendēbat – quamquam locō pūblicō rādēbat[2].

1 tōnsor, ōris m.: Friseur   2 rādere: rasieren   3 sella, ae f.: Rasierstuhl

B3 *Bestimmen Sie folgende Wortformen und geben Sie jeweils die Grundform an (Beispiele:* animadvertistī: 2. Pers. Sg. Perf. von animadvertere – bemerken; cōnsuētūdinī: Dat. Sg. von cōnsuētūdō, cōnsuētūdinis f. – Gewohnheit*):*

spectācula – spectāte – urbēs – pūnīvimus – portābātis – lēge – intereram – glōriae – fugā – honōrem – contendēbam – certī – pōnitis – capita – templīs – stātis – sīgnīs – pūgnāvimus – surgitis.

B4 *Die Anfangsbuchstaben aller Wörter, deren Form Nominativ Plural sein kann, ergeben aneinandergereiht eine Formel, die im heutigen Rom an hohen Feiertagen verwendet wird (Längenzeichen sind nicht gesetzt):*

legioni – urbes – magnas – et – numeros – hostibus – regesque – dolorem – bono – bestiae – iudici – iura – dicunt – diem – equi – aulas – tempestates – gaudent – orbes – nonnullos – occultant – nuntio – res – magnas – bestiae – consulem – magno – clamore – itinera – salutant.

C* Die entwendete Laterne

Quod via obscura[1] erat, tabernarius[2] prope portam tabernae[2] ex consuetudine lucernam[3] ponebat. Quam aliquando iuvenis, postquam e taberna[2] exiit, secum portavit.

5 Tabernarius[2], qui rem animadvertit, iuvenem retinebat[4]. Qui autem tabernarium[2] flagello percutere coepit[5]. Qua ex re rixa maior facta est[6], in qua tabernarius[2] oculum iuvenis effodit[7]. Res in iudicium venit. Iudex iuris consultum[8] de causa consuluit.

Iuris consultus[8] ita respondit: In tabernario[2] culpa non est, si oculum
10 iuvenis effodit[7], postquam flagello percussus est[5]. Si autem data opera[9] oculum prius[10] effodit, in tabernario[2] culpa est.

1 obscūrus, a, um: dunkel   2 tabernārius, ī m.: Gastwirt; taberna, ae f.: Schenke   3 lucerna, ae f.: Laterne   4 retinēre: festhalten   5 flagellō percutere coepit: er begann, mit einer Peitsche zu schlagen; flagellō percussus: von der Peitsche getroffen   6 rixa maior facta est: es entstand eine größere Schlägerei   7 oculum effodit: er schlug ein Auge aus   8 iūris cōnsultus, ī m.: Jurist, Gutachter   9 datā operā: mit Absicht   10 prius (Adv.): vorher

S **Sklaven.** Nach römischem Recht waren Sklaven Eigentum ihres Herrn. Er konnte über sie wie über eine Sache verfügen, sie behandeln, wie es ihm gefiel, sie bestrafen, sie verkaufen. Zu Sklaven wurden Männer, Frauen und Kinder durch Kriegsgefangenschaft oder weil sie geraubt worden waren, in älterer Zeit auch, wenn sie Schulden nicht bezahlen konnten; die von Sklavinnen geborenen Kinder waren ebenfalls Eigentum des Herrn.

Bronzeplakette, wie manche Sklaven sie ständig um den Hals trugen. Die Inschrift lautet: „Ich, Asellus, Sklave des Praeiectus, eines Beamten im Amt für Getreideversorgung, habe mich aus dem Bezirk innerhalb der Mauern entfernt. Halte mich fest, da ich entflohen bin. Führe mich zurück zum Tempel der Flora bei den Friseuren."
3.–4. Jh. n. Chr.

Lektion 12

Sklaven wurden zu allen Arbeiten eingesetzt. Auf dem Land arbeiteten sie auf dem Feld und als Viehhirten, in der Stadt bedienten sie die Herrschaft, waren sie Hausverwalter, Köche, Sänftenträger; gebildete Sklaven waren Vorleser, Musiker, Sekretäre und Hauslehrer. Viele arbeiteten in Handwerksbetrieben. Manche Unternehmer ließen Sklaven zu Handwerkern ausbilden, um sie in eigenen Betrieben zu beschäftigen oder an andere zu vermieten. Manchmal schloß ein Herr mit einem ausgebildeten Sklaven einen Vertrag: Er überließ ihm die selbständige Führung eines Handwerksbetriebes gegen Zahlung eines festen Betrages. Was der Sklave darüber hinaus erwirtschaftete, durfte er als Sklaveneigentum (*peculium*) behalten. Wenn ein römischer Bürger einen Sklaven freiließ, bekam dieser das römische Bürgerrecht. Die Freigelassenen (*liberti*) erhielten den Namen ihres ehemaligen Herrn und hatten ihm gegenüber bestimmte Verpflichtungen.

Die Mehrzahl der Sklaven, vor allem solche, die auf großen Landgütern (*latifundia*), in Bergwerken oder Steinbrüchen arbeiten mußten, hatte ein schweres Schicksal und kaum Aussicht, jemals die Freiheit zu erlangen. Wenn sie zu fliehen versuchten und erst recht, wenn sie sich gegen ihre Unfreiheit erhoben, wurden sie unbarmherzig bestraft. Bewaffnete Sklavenaufstände wie z. B. der berühmte Spartakusaufstand 73 v. Chr. wurden durch Militäreinsatz niedergeschlagen. Der Niederlage folgten Massenhinrichtungen.

Lektion 12

A 1 Christen vor dem Richter

Tertiō p. Chr. n. saeculō imperātor Rōmānus et ā cīvibus et ab incolīs prōvinciārum ut deus colēbātur et timēbātur. Sed Chrīstiānī, quod deō magis quam imperātōrī pārēbant, hominem ut deum
5 colere negābant. Itaque multī Chrīstiānī ā mīlitibus capiēbantur et in iūdicium trahēbantur.

In Āctīs martyrum[1] legimus: Chrīstiānī in iūdicium trahuntur et ab iūdice interrogantur: „Accūsāminī, quod Chrīstiānī et hostēs imperiī Rōmānī estis. Nēmō ad iūdicem dūcitur, sī lēgibus pāret imperātō-
10 remque, dominum nostrum, ut deum colit. Nunc autem clēmentia Caesaris fīnem habet, quod Caesar ā vōbīs nōn colitur. Iubeō vōs ad mortem dūcī. Nōnne terrēminī perīculō mortis? Et tū, quī sacerdōs huius[2] religiōnis esse vidēris, respondē: Nōnne terrēris perīculō mortis, sī iam in arēnam dūceris et ā bēstiīs necāris?"

Kolosseum (Flavium amphitheatrum) in Rom. Das Kreuz erinnert daran, daß Christen im Kolosseum den Märtyrertod erlitten, meist als Opfer von Tierhetzen.

A 2 „Wir Christen fürchten nur Gott"

Sacerdōs senex prō amīcīs respondet: „Nōs Chrīstiānī verbīs tuīs nōn terrēmur. Nam ā nōbīs nōn timētur dominus nisī Deus, quī est in caelīs. Morte neque terrēmur neque cōgimur, quod vītam nostram morte nōn fīnīrī scīmus."

Iūdex: „Vītam morte fīnīrī cōnstat. Vōs Chrīstiānī stultī esse vidēminī, nam deus vester vōs ā bēstiīs nōn servābit[3]. Caesar autem cūnctīs semper īgnōscit, sī ad bonam mentem redeunt et per ge-

1 Ācta martyrum: Märtyrerakten (Die Aufzeichnungen mancher Gerichtsverhandlungen gegen die Christen sind erhalten, weil sie später von den Christen als Beispiele für die Standhaftigkeit der Märtyrer veröffentlicht wurden.)
2 huius (Gen. Sg.): dieser   3 servābit (von servāre): er, sie, es wird retten

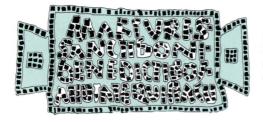

Mosaikinschrift: „Märtyrer, heilige, gute, selige, helft dem Quiriacus!" Katakombe des Pamphilus, Rom

nium[4] imperātōris iūrant. In terrīs nūllus est deus nisī Caesar,
10 imperātor noster, quem timēre dēbētis."
Tum senex: „Caesarī honōrem, timōrem Deō. Nōn moveor verbīs tuīs, iūdex. Nam audior ā Deō, quī est in caelīs neque oculīs vidērī potest. Chrīstiānī post mortem in caelōs ad vītam aeternam dūcuntur, itaque etiam egō ā Deō in caelōs dūcor. Tū, iūdex, statim dūc
15 nōs in arēnam! Deō grātiās agimus, quod hodiē in caelīs erimus[5]."

4 genius, ī m.: Schutzgeist   5 erimus (von esse): wir werden sein

	Passiv	
Personalendungen:	Infinitive (Präsens):	
-(o)r -mur	ā-Konj.	laudā-rī
-ris -minī	ē-Konj.	dēlē-rī
-tur -ntur	ī-Konj.	audī-rī
	kons. Konj.	col-ī, capī

B 1 *Vergleichen Sie:* Iūdex Chrīstiānōs interrogābat. – Chrīstiānī ab iūdice interrogābantur.

Bestimmen Sie die Satzglieder in beiden Sätzen. Was geschieht mit dem Subjekt der aktiven Aussage bei der Umwandlung ins Passiv? Was geschieht mit dem Akkusativobjekt?

Bestimmen Sie die Satzglieder und verwandeln Sie die passive Aussage ins Aktiv:

1. Chrīstus ā multīs cīvibus Rōmānīs colēbātur.
2. Chrīstiānī ā mīlitibus Rōmānīs capiēbantur et in iūdicium dūcēbantur.
3. Imperātor Rōmānus ā Chrīstiānīs nōn timēbātur.
4. Proculus senātor ā Rōmulō vocābātur.
5. Victōrēs ā cīvibus salūtābantur.

B 2 Subitō terra movētur. „Plötzlich wird die Erde bewegt."

Überlegen Sie bei folgenden Sätzen, welche Möglichkeiten das Deutsche bietet, wenn beim Passiv kein Urheber („von wem?") genannt wird oder wenn er unbekannt ist:

1. Verbīs minācibus[1] nōn terrēmur.
2. „Domum venīte! Vocāmur."
3. *Zwei Kinder haben sich versteckt.* „Tacē! Audīmur!"
4. „Num vīta hominis morte fīnītur?" – Ignōrātur.
5. Multīs in viīs locīsque pūblicīs pilā lūdēbātur.

[1] minācibus (Abl. Pl.): drohenden

B 3 *Schreiben Sie ab und ergänzen Sie dann in den folgenden Sätzen:*

1. Perīculum mortis Chrīstiānōs nōn ~~~.
2. Iūdex Chrīstiānōs ad mortem ~~~ iubet.
3. Caesar ā cūnctīs hominibus ~~~ dēbet.
4. Imperātōrēs ā cīvibus Rōmānīs ~~~.
5. In imperiō Rōmānō multī deī ~~~.
6. „~~~, quod hostis imperiī Rōmānī es!"
7. „~~~, quod lībertātem bene dēfendistis."
8. Imperātor statim bēstiās in arēnam ~~~ iubet.

Verben aus der folgenden Liste (es bleiben Verben übrig):

timērī – timēre – colēbantur – dūcere – terrēminī – dūcī – dūcuntur – accūsāminī – agī – laudāminī – accūsās – accūsāris – terrēbat – timēbantur.

B 4 *Bestimmen Sie die Formen:*

terror – terreor – terrīs – terrēris – tacēre – mitteris – mittere – miserīs – lūdīs – cibīs – mōnstrātur – cūr – līberātur – līberāris – lībertātis – līberātis – labor – interrogor – dolor – accūsātur – amāris – optimīs – amīcīs – iuvenis – convenītis – iūris – iūdicis – invītātis – tabulīs – imperātōris – curris.

C Das geht dich an!

Nam tua res agitur, paries cum proximus ardet.

sagt der römische Dichter Horaz (64 – 8 v. Chr.). Die zweite Hälfte des Verses lautet, frei übersetzt: „..., wenn es in der Wohnung deines Nachbarn brennt."

Lektion 13

Während die Erzählungen von der Gründung Roms und von den frühen römischen Königen als Sagen angesehen werden, sind die Vertreibung des letzten etruskischen (*Etrūscus*) Stadtherrn von Rom *Tarquinius* und die Einführung der Republik gegen 510 v. Chr. historische Ereignisse. Die Römer mußten bald ihre neu gewonnene Freiheit gegen die etruskischen Verbündeten des Tarquinius verteidigen. Das spiegelt die (in Einzelheiten legendäre) Geschichte des Abwehrkampfes gegen *Lars Porsenna* wider. Porsenna war König von *Clūsium*, einer etruskischen Stadt im Norden von Rom. (*Clūsīnī*: Einwohner von Clūsium)

A 1 Rom in Bedrängnis

Postquam Rōmānī Tarquinium rēgem ex urbe pepulērunt[1], Porsenna, rēx Clūsīnōrum, quī amīcus Tarquiniī erat, magnō cum exercitū Etrūscōrum urbem Rōmam petīvit. Ubī exercitus Porsennae urbī
5 appropinquāvit, Rōmānī valdē territī sunt. Agricolae metū hostium in urbem fūgērunt[2]; portae urbis ā prīmō hostium impetū magnō labōre dēfēnsae sunt; urbs paene expūgnāta est; pōns, quī in flūmine Tiberī[3] erat, iussū magistrātuum dēlētus est. Tantus fuit metus et senātūs et populī Rōmānī.
10 Postquam castra Etrūscōrum ad Tiberim[3] posita sunt, exercitus Porsennae urbem obsidēbat. Tandem senātus, quod cīvēs magnā inopiā frūmentī vexārī vidēbat, magistrātūs nōnnūllōs ad rēgem mīsit[4] pācemque petīvit.
Magistrātibus respondit Porsenna: „Parātus sum cum exercitū
15 Etrūscōrum abīre, sī multōs iuvenēs multāsque virginēs nōbilēs[5] obsidēs datis. Quae senātuī vestrō nūntiāte!" Iussū senātūs magistrātūs pācem fēcērunt[6].

1 pepulērunt: hier: sie hatten vertrieben   2 fūgērunt: sie flohen   3 Tiberis (Akk. Tiberim, Abl. Tiberī) m.: Tiber   4 mīsit: er schickte   5 nōbilēs (Akk. Pl. m. u. f.): adlige   6 pācem fēcērunt: sie schlossen Frieden

Etruskischer Frauenkopf
vom Deckel
einer Aschenurne

A 2 Ein mutiges Mädchen

Erat inter obsidēs, quae in castrīs Porsennae tenēbantur, Cloelia, virgō nōbilī[1] genere nāta. Quae mīlitēs Etrūscōs frūstrāvit[2] et multās obsidēs clam ē castrīs hostium ēdūxit[3]. Virginēs inter tēla hostium
5 flūmen trānāvērunt[4] et in urbe propinquīs restitūtae sunt.
Ubī nūntiātum est obsidēs ā Cloeliā ē manibus Etrūscōrum līberātās esse, Porsenna statim Cloeliam obsidem reposcit[5]. Quae autem, postquam sine metū in castra hostium rediit, ā rēge nōn modo propter virtūtem honōrāta laudātaque, sed etiam Rōmam remissa est[6].
10 Senātus autem novam in fēminā virtūtem novō genere honōris ōrnāvit: Statua equestris[7] in forō posita est, in equō sedēbat virgō.

1 nōbilī (Abl. Sg.) adlig   2 frūstrāvit: sie täuschte   3 ēdūxit: sie führte heraus   4 trānāvērunt: sie durchschwammen   5 reposcit: er forderte zurück   6 remissa est: sie wurde zurückgeschickt   7 equestris (Nom. Sg.) f.: Reiter-

	Die ū-Deklination	
	Sg.	Pl.
Nom.	exercit-us	exercit-ūs
Gen.	exercit-ūs	exercit-uum
Dat.	exercit-uī	exercit-ibus
Akk.	exercit-um	exercit-ūs
Abl.	exercit-ū	exercit-ibus

Die Substantive der u-Dekl. sind meist maskulin.

Lektion 13

Das Perfekt Passiv wird zusammengesetzt aus dem Partizip Perfekt Passiv, z. B. laudātus, laudāta, laudātum, und einer Präsensform von esse. Das **Partizip Perfekt Passiv** (PPP, Partizip II) wird wie ein Adjektiv der ā- und ō-Deklination dekliniert und steht wie ein Adjektiv in KNG-Kongruenz zu seinem Beziehungswort, d. h. seinem Subjekt.

Mārcus ā patre laudātus est. Mīlitēs ab imperātōre laudātī sunt.
Cloelia ā cīvibus laudāta est. Virginēs ā Cloeliā līberātae sunt.
Templum ā Rōmānīs aedificātum est.
Castra ā mīlitibus dēfēnsa sunt.

Der Infinitiv Perfekt Passiv wird zusammengesetzt aus einer Nominativ- oder Akkusativform des PPP und esse. Am häufigsten tritt er im AcI auf.

Rēgī nūntiātur { pontem dēlētum esse.
virginēs līberātās esse.

Bildung des PPP

ā-Konjugation	laudāre	– laudā-tus, -a, -um
ē-Konjugation	terrēre	– terri-tus, -a, -um
ī-Konjugation	audīre	– audī-tus, -a, -um

sofern im Vokabelteil nichts anderes vermerkt wird.

Infinitiv Präs., 1. Pers. Sg. Präs., 1. Pers. Sg. Perf. und PPP sind die Stammformen, weil sich aus ihnen alle anderen Verbformen ableiten lassen.

Beispiel: dēfendere, dēfendō, dēfendī, dēfēnsum

Das PPP wird dabei stets mit der Endung -um angegeben.

B1 *Schreiben Sie die folgenden Sätze ab*

1. Multī mīlitēs in mūrō ~~~ sunt.
2. Pōns, quī in flūmine erat, ab Etrūscīs ~~~ nōn est.
3. Urbs ab hostibus paene ~~~ est.
4. Propinquī obsidēs ~~~ esse gaudēbant.

5. Mīles exercitum Rōmānum inopiā frūmentī ~~~ esse nārrat.
6. Legimus statuam virginis in forō ~~~ esse.
7. Porsenna magistrātibus: „Vōs ab exercitū nostrō ~~~ estis."
8. Ubī exercitus abiit, cīvēs clāmāvērunt: „Gaudēmus, quod perīculō ~~~ sumus."
9. Cloelia: „A Porsennā rēge ~~~ et ~~~ sum."
10. In senātum nūntiātur cōnsulēs novōs in Campō Mārtiō ~~~ esse.

und fügen Sie dabei aus der folgenden Liste die passenden PPP ein (es bleiben Partizipien übrig!):

laudātum – restitūtae – positī – creātī – dēlētī – laudāta – dēlētōs – creātus – superātī – līberātī – restitūtās – expūgnātus – creātōs – vexātum – territus – līberātus – honōrātās – honōrāta – expūgnāta – positam.

B2 *Bestimmen Sie die Formen:*

fīnītis – fīnis – fīnītus – fīnīvimus – fīnīmus – fīnīvistī – fīnītī – dēlēmus – dēlētus – petitur – petītus – petīvī – petītōs – impetuī – dēbitus – senātus – circumdatus – magistrātum – magistrātuum – cīvitātum.

B3 *Ordnen Sie die Verbformen*

adībāmus – caeditur – comparābātis – trahēbāminī – adfuērunt – contenditis – ōrnātus est – manēbant – lūditur – contendunt – colligēbās – nūntiātae sunt – circumdatur – timuistis – cupiēbās – quaererīs – ineunt – invītātī sumus – colitur – cognōvērunt – exiī – pōnēbātur – invītābāminī

in die Spalten ein (manche Verben müssen in verschiedene Spalten eingeordnet werden):

Passiv	Imperfekt	Aktiv	Perfekt	2. Person Sg.

C* Ein entschiedener Gegner der Frauenrechte

Während des 2. Punischen Krieges (218 – 201 v. Chr.) hatten die Römer den Frauen durch ein Gesetz verboten, Goldschmuck und elegante farbige Kleider zu tragen. Nach dem Krieg verlangten die Frauen die Aufhebung dieses Gesetzes. Sie gingen sogar zu einer Demonstration auf die Straße

Lektion 13

und besetzten die Zugänge zum Forum, als über Aufhebung oder Beibehaltung des Gesetzes abgestimmt werden sollte. Der Senator M. Porcius Cato hielt daraufhin eine Rede, in der er u. a. folgendes sagte:

„Patres nostri feminas nullam rem privatam[1] vel publicam sine tutore[2] agere, sed semper in manu[3] patrum virorumque esse voluerunt[4]. Nostris autem temporibus feminas etiam rem publicam capere et foro contionibusque immisceri[5] videmus. Itaque date tandem
5 frenos[6] naturae indomitae[7] feminarum!"

1 prīvātus, a, um: privat   2 tūtor, ōris m.: Vormund   3 manus: hier: Vormundschaft   4 voluērunt: sie wollten   5 immiscērī: sich einmischen
6 frēnus, ī m.: Zügel   7 indomitus, a, um: ungezügelt

S Die römische Frau. In einigen älteren Mittelmeerkulturen haben Frauen eine führende und herrschende Stellung eingenommen (*Matriarchat*), in Rom dagegen standen Familie und Gesellschaft unter der Herrschaft des Mannes (*Patriarchat*). Frauen unterstanden, ebenso wie Kinder und Sklaven, der Gerichtsbarkeit des *pater familias*; wenn sie ihre Rechte vor einem Gericht geltend machen wollten, trat ein Vormund, meist der Vater oder der Ehemann, für sie ein. Das Vermögen der verheirateten Frau verwaltete der Ehemann. Ein Mädchen war nach dem Gesetz schon mit 12 Jahren heiratsfähig. Den Ehepartner bestimmten in der Regel die Eltern, meist unter wirtschaftlichen Gesichtspunkten, ohne das Mädchen nach seinem Willen oder nach seiner Neigung zu fragen.
Als Ehefrau und für das Haus verantwortliche *domina* hatte die römische Frau eine angesehene Stellung in der Familie. Sie leitete den oft umfangreichen Wirtschaftsbetrieb des Hauses, beaufsichtigte die Arbeit der Sklavinnen und Sklaven und war vor allem für die Erziehung der Kinder verantwortlich. Römische Mädchen besuchten gemeinsam mit Jungen eine Grundschule, erhielten aber selten eine über Lesen, Schreiben, Rechnen und Musik hinausgehende höhere Bildung. Ihr Lebenskreis war das Haus. Die folgende Grabinschrift zeigt, was die Römer an einer Frau besonders schätzten:

CASTA FUIT * DOMUM SERVAVIT * LANAM FECIT
Sie war dem Mann treu, versorgte das Haus, spann Wolle.

Erst gegen Ende des 1. Jahrhunderts v. Chr. lockerten sich die rechtlichen Einschränkungen, denen die römische Frau unterworfen war. Jetzt erhielten Frauen das Recht, selbständig über ihr Privatvermögen zu verfügen und sich damit von Mann und Familie wirtschaftlich unabhängig zu machen.

Lektion 13

Bildnis einer jungen Frau auf einem Holzsarg (sog. Mumienporträt). Um 110 n.Chr.

Lektion 14

Die Phönizier hatten von ihrem Stammland im heutigen Libanon aus eine Reihe von Siedlungen und Handelsstädten im westlichen Mittelmeer angelegt, von denen das im 8. Jh. v. Chr. gegründete *Carthāgō* (Gen. *Carthāginis*) die bedeutendste war. Die *Poenī*, „Punier", wie die Römer die Karthager nannten, dehnten ihre Herrschaft auch auf Sizilien, *Sicilia,* aus und gerieten so mit der aufsteigenden Großmacht Rom in Konflikt.

Hannibal. Porträtbüste

A 1 „Ich werde immer ein Feind der Römer sein"

Tertiō a. Chr. n. saeculō Rōmānī cum Poenīs, quī Carthāginem, magnam Āfrīcae urbem, incolēbant, dē Siciliā bellum gesserunt. Quae īnsula frūmentō aliīsque dīvitiīs abundābat[1]. Rōmānī, postquam Poenōs vīcērunt, hostēs ē Siciliā pepulērunt. Sicilia prīma imperiī Rōmānī prōvincia facta est. Poenī magnās et dīvitiārum plēnās terrās sibi raptās esse cum dolōre tolerābant. Itaque Hamilcar[2], dūx Poenōrum, magnō cum exercitū in Hispāniam invāsit, ubī novās terrās imperiō Poenōrum addidit.

Aliquandō Hamilcarem Hannibalem[3] fīlium, puerum novem annōrum, sēcum in templum dūxisse Titus Līvius[4] nārrat. Quō in templō puerum sacra[5] manū tangere iussit. Iūrāvit puer sē hostem populī Rōmānī esse semperque hostem fore[6]. Et gessit Hannibal[3] post patris mortem magnum et Rōmānīs perniciōsum[7] bellum.

A 2 Ein Römer schildert den Gegner Hannibal

Titus Līvius[4] in opere suō praeclārō dē Hannibale[3] nārrat: Hannibal[3], ubī post mortem patris ad exercitum vēnit, statim animōs mīlitum in sē vertit. Nam mīlitēs Hamilcarem[2] iuvenem sibi redditum esse putāvērunt: Eundem[8] vultum, eandem[8] vim in vōce oculīsque vīdērunt. Semper Hannibal[3], quasi alter Hamilcar[2], sē virum magnae audāciae praebēbat. Nūllō labōre aut animus aut corpus vincī poterat[9]. Cum proelium committēbātur, prīmus in proelium ībat, ultimus ē proeliō exībat. Sed tantās virī virtūtēs magna et mala vitia adaequābant[10]: inhūmāna crūdēlitās malaque perfidia.

1 abundāre: Überfluß haben   2 Hamilcar, Hamilcaris: Hamilkar (karthagischer Feldherr)   3 Hannibal, Hannibalis: Hannibal (Sohn des Hamilkar)   4 Titus Līvius: Titus Livius (röm. Geschichtsschreiber)   5 sacra (Pl. n.): Altar   6 fore: er werde sein   7 perniciōsus, a, um: verderblich   8 eundem (Akk. Sg.) m.: dasselbe (Antlitz); eandem (Akk. Sg.) f.: dieselbe   9 poterat: er konnte   10 adaequāre: wettmachen

---

Neben der schon bekannten Perfektbildung durch -v-, -u- und dem Stammperfekt gibt es drei weitere Arten, den Perfektstamm zu bilden:

mit **s**:   gerō, gessī;   dūcō, dūxī (x = **cs**)

durch Dehnung des Vokals: veniō, vēnī

durch Verdoppelung (Reduplikation) der ersten Silbe:

                         pellō, **pe**pulī;   ad-dō, ad-**di**dī

Das Reflexivpronomen hat die Formen: Dat.: sibi, Akk.: sē, Abl.: sē. Es bezieht sich auf das Subjekt des Satzes; das gilt auch, wenn *sē* Akkusativ eines AcI ist und die Person bezeichnet, die handelt oder der etwas geschieht.

Poenī Hamilcarem iuvenem *sibi* redditum esse putāvērunt. – Die Punier glaubten, *ihnen* sei der junge Hamilkar wiedergegeben.

Puer iūrat *sē* hostem Rōmānōrum esse. – Der Junge schwört, daß *er* ein Römerfeind sei.

Lektion 14

> Der Genitiv als Attribut bezeichnet auch Eigenschaften (Genitivus qualitatis):
>
> vir magnae audāciae ... von großer Kühnheit
> puer novem annōrum ... von neun Jahren

B 1 *Wie stellt der römische Geschichtsschreiber Livius in A2 Hannibal, den großen Gegner Roms, dar? Welche Merkmale seiner Person hebt er hervor? Ist seine Darstellung objektiv?*

B 2 *Schreiben Sie das Reflexivpronomen und dessen Beziehungswort (Subjekt) heraus:*

1. Cloelia obsidēs ā sē līberātās esse gaudēbat.
2. Propinquī virginēs sibi redditās esse gaudēbant.
3. Hannibal oculōs animōsque cūnctōrum mīlitum in sē versōs esse nōn īgnōrābat.
4. Porsenna Rōmānōs Cloeliam cēterāsque obsidēs sibi reddere iussit.
5. Tabernārius[1] sē rixam[2] commīsisse negāvit.
6. Hannibal exercitum Rōmānum nōn longē[3] ā sē suōque exercitū abesse sciēbat.

1 tabernārius, ī m.: Gastwirt   2 rixa, ae f.: Streit   3 longē (Adv.): weit

B 3 *Bestimmen Sie die Verbformen und nennen Sie ihren Infinitiv Präs. Akt.:*

restituī – rapī – iussōs – venīmus – victa – vīsōs – dūxistī – vertī – videt – pellitur – pulsī – addit – fēcit – verte – venimus – facit – versī – pepulimus – addidit – vīdit – factum – dūcitis – ductī – pulsōs – dūxī – posuistis.

B 4 *Bestimmen Sie die Formen:*

vīcī – victōrī – vincī – vīcīs – vincis – nūntiī – nūntiāvī – positī – posuī – dūcī – victōrī – nēgātis – negāvistis – oppidīs – plēnīs – adīs – pontis – pecūniīs – īgnōscis – fabrīs – accūsāris – virginis.

C* Ein Heerführer mißachtet die Warnungen der Götter

Hannibal gelang es, mit einem Heer von Spanien aus über die Pyrenäen und Alpen nach Oberitalien einzudringen. Im Jahre 217 v. Chr. stellte sich ihm der Konsul *C. Flāminius* mit einem römischen Heer entgegen und wurde am Trasimenischen See vernichtend geschlagen. Eine Einzelheit vor der Niederlage am Trasimenischen See berichtet Livius:

Flaminius, quamquam consul alter cum altero exercitu iam in itinere erat, statim castra moveri, signa proferri¹, proelium committi iussit. Postquam nuntiatum est signa e terra convelli² non posse³, Flaminius
5 clamavit: „Abite, stulti! Effodite⁴ signa, si metus hostium manus vestras debilitat⁵!" Quod ubi factum est, milites, quamquam omen⁶ metuerunt, iter in proelium fecerunt. Quo in proelio paene cuncti ab hostibus caesi sunt. Flaminium consulem eques⁷ ex
10 exercitu Hannibalis lancea⁸ cecidit.

1 proferre: vorwärtstragen 2 convellere: herausziehen
3 posse: können 4 effodere: ausgraben 5 dēbilitāre: lähmen 6 ōmen, ōminis n.: böses Vorzeichen 7 eques (Nom. Sg.) m.: Reiter 8 lancea, ae f.: Lanze

Römische Legionsfeldzeichen

Lektion 15

A 1 Ein sozialer Konflikt entsteht

Secundō a. Chr. n. saeculō Rōmānī dominī paene tōtīus orbis terrārum erant. Quamquam eō tempore exercitūs populī Rōmānī in Asiam, Graeciam, Hispāniam invāsērunt magistrātūsque Rōmānī iīs
5 populīs lēgēs dābant, tamen domī multī agricolae in ēgestāte inopiāque vīvēbant.
Eius reī multae afferēbantur causae. Quārum ūna fuit, quod agricolae cum filiīs multōs annōs procul ab Italiā bella gerere dēbēbant. Dum aberant, agrī eōrum nōn nisi male ā fēminīs paucīsque servīs
10 colī poterant. Alia causa fuit, quod senātōrēs, postquam iīs bellīs, quae in Asiā gerēbantur, magnās dīvitiās contulērunt multōsque servōs in domōs praediaque¹ dūxērunt, eōs agrōs, quī ab agricolīs miserīs relinquēbantur, coēmērunt² et in lātifundia redēgērunt³. Iī

1 praedium, ī n.: Landgut 2 coēmērunt: sie kauften auf 3 in lātifundia redigere: in Großgüter verwandeln

Lektion 15

Silbermünze aus der Zeit um 100 v.Chr. Sie bezieht sich auf das Recht zur Berufung an das Volk bei einem Todesurteil (*provocatio ad populum*).

agrī nōn iam ā cīvibus līberīs, sed ā servīs colēbantur. Quibus dē
15 causīs multī agricolae līberī in ēgestātem inopiamque extrēmam pulsī sunt. Multī sē Rōmam contulērunt, ubī fortūnam miseram ferēbant.

A 2 Doch Reformen werden vom Senat blutig unterdrückt

Tum Tiberius Gracchus[1], iuvenis nōbilī[2] genere nātus, agricolīs miserīs auxilium ferre contendit. Apud plēbem eius modī verba fēcit: „Bēstiīs, quae in silvā vīvunt, cubilia[3] sua sunt. Vōs autem, quī
5 multīs in proeliīs prō patriā pūgnāvistis, quī orbis terrārum dominī vocāminī, domōs nōn habētis, sed cum familiīs vestrīs in ēgestāte vīvitis et, postquam ē domibus vestrīs pulsī estis, miserī per eās terrās errātis, quae ōlim vōbīs fuērunt.
Num ea ferre potestis, cīvēs līberī? Cūr dēspērātis et dīcitis: ‚Nihil
10 facere possumus. Nēmō nōbīs auxilium fert.'? Audīte mē: Egō vōbīs auxilium ferre possum. Mē tribūnum plēbis creāte!"
Et creāvērunt Tiberium[1] tribūnum plēbis. Lēgem agrāriam[4] tulit. Eā lēge senātōrēs partem agrōrum suōrum populō Rōmānō reddere coāctī sunt. Cūnctīs autem modīs repūgnāvērunt eī lēgī, postquam
15 lāta est. Dēnique senātōrēs Tiberiō[1] etiam vim attulērunt. Mediō in forō eum multīs cum amīcīs ē mediō sustulērunt.

1 Tiberius Gracchus: Tiberius (Sempronius) Gracchus (ermordet 133 v. Chr. Er versuchte als Volkstribun, durch eine Bodenreform den von Großgrundbesitzern enteigneten Bauern wieder eine Existenz zu schaffen)   2 nōbilī (Abl. Sg.): adlig   3 cubilia (n. Pl.): Lagerstätten   4 lēx agrāria: Ackergesetz (es sollte die Bauern wieder mit Land versorgen.)

Lektion 15

Das Demonstrativpronomen

is, ea, id – dieser, diese, dies(es); der, die, das; er, sie, es

		m.	f.	n.		m.	f.	n.
Sg.	Nom.	is	ea	id	Pl. iī	eae	ea
	Gen.	eius	eius	eius		eōrum	eārum	eōrum
	Dat.	eī	eī	eī		iīs (eīs)	iīs (eīs)	iīs (eīs)
	Akk.	eum	eam	id		eōs	eās	ea
	Abl.	eō	eā	eō		iīs (eīs)	iīs (eīs)	iīs (eīs)

Der Genitiv des Demonstrativpronomens (eius, eōrum, eārum) gibt den Besitzer an, wenn dieser nicht Subjekt des Satzes ist.
Dum agricolae aberant, servī agrōs *eōrum* colēbant. – Solange die Bauern abwesend waren, bearbeiteten Sklaven *deren/ihre* Felder.

Das Possessivum *suus* dagegen ist reflexiv und bezieht sich auf das Subjekt.
Senātōrēs partem agrōrum *suōrum* reddere coāctī sunt. – Die Senatoren wurden gezwungen, einen Teil *ihrer* Felder zurückzugeben.

Das Verb ferre, ferō, tulī, lātum – tragen hat im Präsens Aktiv die Formen: ferō, fers, fert, ferimus, fertis, ferunt. Sonst wird es regelmäßig nach der kons. Konjugation konjugiert.

Das Verb posse – können setzt sich zusammen aus dem Stamm *pot-* und den Formen von esse. Vor einem s wandelt sich *pot-* zu *pos-*. Also Präsens: possum, potes, potest, possumus, potestis, possunt.
Imperfekt: poteram u.s.w.   Perfekt: potuī u.s.w.

B1 *Ordnen Sie die Formen den Prädikaten der unten angegebenen Sätze zu (es bleiben keine übrig!):*

afferte – sublātus est – fert – contulērunt – tulit – affers – cōnferte – tollere – sustulit – ferō – sustulērunt.

Lektion 15

1. Die Priester erhoben die Hände zum Himmel.
2. Vergleicht eure Felder mit denen der Reichen!
3. Die Volksversammlung erhob ein großes Geschrei.
4. Was meldest du uns Neues?
5. Schafft Wein herbei!
6. Die Soldaten trugen die Beute zusammen.
7. Der Tribun hat ein Gesetz vorgelegt.
8. Der Politiker wurde auf offener Straße ermordet.
9. Ich ertrage das nicht.
10. Der Kaiser bringt uns Hilfe.
11. Der Konsul hat der Legion befohlen vorzurücken (= die Zeichen zu erheben).

B2 *In den folgenden Sätzen wird zur Bezeichnung des Besitzers sowohl das Reflexivpronomen* suus *wie der Genitiv des Personalpronomens verwendet. Schreiben Sie jeweils, bevor Sie übersetzen, das Pronomen und den Besitzer heraus:*

1. Postquam multī agricolae agrōs suōs relīquērunt, servī in agrīs eōrum labōrābant.
2. Cum Tiberius in cōntiōne ōrābat, verba eius animōs cīvium movēbant.
3. Postquam Tiberius lēgem agrāriam¹ tulit, senātōrēs eī eiusque lēgī repūgnābant.
4. Tiberius autem sē lēgemque suam reī pūblicae salūtī esse dīcēbat.

1 agrārius, a, um: Acker-

B3 *Schreiben Sie ab und füllen Sie, bevor Sie übersetzen, in den Sätzen*

1. Rōmānī, ubī Siciliam expūgnāvērunt, eī prōvinciae lēgēs ~~~ dedērunt.
2. Hamilcar fīlium ~~~ in templum dūxit.
3. Post mortem Hamilcaris mīlitēs Hannibalem, fīlium ~~~, imperātōrem creāvērunt.
4. Postquam multī agricolae agrōs ~~~ vendere coāctī sunt, senātōrēs agrōs ~~~ coēmērunt¹.

1 coēmērunt: sie kauften auf

die Lücken mit Pronomina aus der folgenden Liste (es bleiben keine übrig!):

suās – eōrum – eius – suum – suōs.

Münze mit dem Concordia-Tempel
aus der Zeit des Kaisers Tiberius
auf dem Forum Romanum

S Soziale Probleme. Wie in den meisten antiken Staaten bestand auch in Rom ein starker Gegensatz zwischen Arm und Reich. Nach der Vertreibung des letzten Königs standen sich in der Republik *Patrizier,* adlige Großgrundbesitzer, und *Plebejer,* selbständige Kleinbauern, Handwerker und Bürger ohne Grundbesitz (*proletarii*), gegenüber. Vor allem die Verschuldung der Plebejer bei den reichen Großgrundbesitzern führte zu sozialen Spannungen. Nach dem Gesetz konnten ein zahlungsunfähiger Schuldner und seine Familie zu Sklaven des Gläubigers werden. Viele Generationen lang herrschte zwischen Patriziern und Plebejern politischer Streit mit immer wieder schweren Konflikten. In langen Kämpfen setzten die Plebejer schließlich Lösungen durch, die ihnen größeren Einfluß auf die Leitung des Staates gewährten: Sie erhielten Zugang zu den Staatsämtern und zum Senat. Und sie erreichten, daß der Senat die Amtsgewalt der von der Plebejerversammlung gewählten Volkstribunen (*tribuni plebis*) anerkannte. Der Einspruch eines Volkstribunen (*veto*: „Ich verbiete") konnte jeden Beschluß des Senats und jede Anordnung eines Beamten, die nach Meinung des Volkstribunen den Interessen des Volkes zuwiderlief, unwirksam machen. Die Person des Volkstribunen war unantastbar (*sacrosanctus*).
Es milderte die sozialen Spannungen für einige Generationen, daß die Plebejer so gewichtige politische Rechte errungen hatten, zumal sie außerdem Ackerland erhielten, das man in Kriegen mit den Nachbarvölkern erobert hatte. Aber seit dem 2. Punischen Krieg (218–201 v. Chr.) wuchsen die sozialen Spannungen erneut: Das italische Land war in diesem Krieg verwüstet worden, und im folgenden Jahrhundert hielten die zahlreichen Kriege, die Rom in den Ländern des östlichen Mittelmeerraumes führte, die wehrpflichtigen Bauern oft jahrelang von Italien fern. Für die römische Oberschicht war das eine Gelegenheit, ihren Grundbesitz zu vergrößern, indem sie die vernachlässigten Äcker dieser Bauern aufkaufte. Die so

entstandenen Großgüter (*latifundia*) wurden von Sklaven oder Tagelöhnern bewirtschaftet. Viele der besitzlos gewordenen Bauern zogen mit ihren Familien nach Rom, wo sie als Arbeitslose lebten und vom Staat mit Kornlieferungen ernährt werden mußten. Der erste Politiker, der sich 133 v. Chr. als Volkstribun dieser verarmten Bürger annahm, war *Tiberius Gracchus*. Sein Programm der staatlich geförderten Wiederansiedlung von Proletariern in Italien oder in den Provinzen scheiterte jedoch am gewalttätigen Widerstand der Großgrundbesitzer im Senat. Weitere Versuche, die sozialen Probleme Roms zu lösen, führten in den folgenden hundert Jahren immer wieder zu blutigen Auseinandersetzungen. Auch die Kaiser konnten die Not der in Armut lebenden Bürger durch Fürsorge nur lindern, z. B. durch die kostenlose Abgabe von Getreide; beseitigen konnten sie diese Mißstände jedoch nicht.

Lektion 16

A1 Ein Staatsstreich droht

Primō a. Chr. n. saeculō Catilīna[1] senātor cum paucīs coniūrāvit contrā rem pūblicam. Sed ea coniūrātiō dētēcta est ā M. Tulliō Cicerōne[2] cōnsule. Quī, postquam senātum in templum Iovis con-
5 vocāvit, Catilīnam[1] iīs ferē verbīs accūsāvit:
„Quō ūsque tandem vexābis, Catilīna[1], rem pūblicam nostram? Quamdiū etiam furor tuus nōs terrēbit? Quem ad fīnem agentur mala tua cōnsilia? Quandō dēnique fīniētur coniūrātiō vestra īnsidiaeque vestrae?
10 Certē verba mea, patrēs cōnscrīptī, Catilīnam[1] eiusque sociōs nōn dēterrēbunt, sed aperiam vōbīs tōtum perīculum, dīcam vōbīs nōmina coniūrātōrum, dēmōnstrābō vōbīs reī pūblicae inimīcōs. Patent cōnsilia, patent scelera eōrum. Dēfendite tandem lībertātem, dēfendite dēnique vītam vestram! Nostra enim rēs agitur, patrēs cōnscrīptī!
15 An spērātis deōs inimīcōs populī Rōmānī pūnītūrōs esse? Aut putātis deōs rem pūblicam servātūrōs esse, sī nōs bonī attentī nōn erimus, sī nōs rem pūblicam contrā malōs hominēs nōn dēfendēmus?
Nōn terreor neque terrēbor īnsidiīs tuīs, Catilīna[1]; tamen tē ex urbe in exilium īre iubeō. Līberā nōs tantō metū mortis! Tum dēmum
20 respīrāre[3] poterimus. Egō cōnsul cūnctīs bonīs prōmittō mē patriae nōn dēfutūrum exercitumque reī pūblicae contrā eās cōpiās ductūrum, quās tū iam in castra coēgistī ad perniciem nostram."

Cicero klagt Catilina im Senat an. Fresko von C. Maccari, entstanden zwischen 1882 und 1888

A 2 Kann die Gefahr noch abgewehrt werden?

Ubī Cicerō eam ōrātiōnem habuit, Rōmānī sē Catilīnam¹ sociōsque eius superātūrōs et rem pūblicam ē perniciē servātūrōs spērāvērunt: „Nunc cōnsulēs cum auxiliō deōrum rem pūblicam ē perīculō
5 ēreptūrōs certē scīmus."
Et relīquit Catilīna¹ urbem atque sē ad cōpiās suās contulit. Quae in Etrūriae⁴ montibus ab exercitū populī Rōmānī magnō proeliō dēlētae sunt. Catilīna¹ multīs cum sociīs caesus est.

1 Catilīna: Catilina (= Lucius Sergius Catilina, ein römischer Senator, der 63 v. Chr. in Rom einen Putsch plante)   2 Cicerō, Cicerōnis: Cicero (= Mārcus Tullius Cicerō, Konsul 63 v. Chr.)   3 respīrāre: frei atmen   4 Etrūria: Etrurien (Gebiet nördl. von Rom; heute Toscana)

Lektion 16

Die Kennzeichen des Futurs I

bei der ā- und ē-Konjugation und bei īre: – b – ;
bei der ī-Konjugation und der konsonantischen Konjugation:
– e –, jedoch in der 1. Pers. Sg. – a –:

laudā-b-ō	vidē-b-ō	audi-a-m	ag-a-m	capi-a-m
laudābis	vidēbis	audiēs	agēs	capiēs
laudābit	vidēbit	audiet	aget	capiet
laudābimus	vidēbimus	audiēmus	agēmus	capiēmus
laudābitis	vidēbitis	audiētis	agētis	capiētis
laudābunt	vidēbunt	audient	agent	capient

Futur I von ire: ī-b-ō, ībis, ībit, ībimus, ībitis, ībunt.

entsprechend im Passiv:

laudā-b-or	vidē-b-or	audi-a-r	ag-a-r	capi-a-r
laudāberis	vidēberis	audiēris	agēris	capiēris
laudābitur	vidēbitur	audiētur	agētur	capiētur
...	...	...	...	...

u. s. w.

Futur I von esse: erō, eris, erit, erimus, eritis, erunt.

Das Partizip Futur Aktiv hat den gleichen Stamm wie das Part. Perf. Pass. Sein Kennzeichen ist die Endung -ūrus, a, um.

    laudāt-um – laudāt-ūrus
    duct-um – duct-ūrus
    lāt-um – lāt-ūrus

    Das Hilfsverb esse hat die Form futūrus.

Das Partizip Futur wird fast nur im Infinitiv Futur Aktiv im AcI verwendet. Der Inf. Fut. Akt. wird gebildet aus dem Part. Fut. Akt. und esse. esse kann fehlen.
Spērō deōs rem pūblicam servātūrōs (esse).

Statt futūrum (-am, -ōs, -ās, -a) esse steht oft *fore*.

Lektion 16

B1 *Bestimmen Sie die Verbformen und schreiben Sie die Formen in eine Tabelle nach folgendem Muster:*

Vergangenheit	Gegenwart	Zukunft

1) vidēmur – lātās esse – animadvertam – praebet – obsidēbitur – relīquistī – attulistis – vertī – volābunt – praebēbit – volābant – praebuit – collātūrōs esse – tollam – coāctī sumus – vendidisse – fertur – ferar – superās – superesse – sublātum esse – est – potuisse – poterō – lātūrum esse.

2) vetāre – stābimus – ībit – rediit – reddita sunt – reddidit – laudābiminī – posse – coluērunt – poterunt – colēris – colis – mānēbātis – appārēbit – sedēbunt – eritis – restituent – ībō – poteram – erunt – captum esse – īsse – petīvit – petītūrum esse.

*B2 Multī cīvēs deōs urbem ab īnsidiīs hostium servātūrōs esse spērābant.
– *Direkte Aussage:* „Deī urbem ab īnsidiīs hostium servābunt."

Übersetzen Sie und drücken Sie den AcI dem Beispiel entsprechend deutsch und lateinisch als direkte Aussage aus:

1. Sociī Catilīnae ducem suum cōnsulem fore putant.
2. Catilīna sē sociōs nōn relictūrum iūrāvit.
3. Rōmānī cōnsulēs sociōs Catilīnae captūrōs et pūnītūrōs esse spērābant.
4. Cicerō cōnsul sē reī pūblicae auxilium lātūrum prōmīsit.
5. Fēminae fīliōs sospitēs¹ ē bellō reditūrōs esse spērābant.

1 sospitēs (Nom. und Akk. Pl.) m.: heil

B3 timēmus – timēbimus – timēbāmus – timuimus
dūcor – dūcar – dūcēbar – ductus sum

Schreiben Sie ab und ergänzen Sie nach diesem Muster die fehlenden Tempora in einer Tabelle:

dō	~~~	~~~	~~~
~~	~~~	~~~	vertimus
~~	~~~	līberābātur	~~~
~~	~~~	vendēbat	~~~
~~	ībit	~~~	~~~
cōnfert	~~~	~~~	~~~
~~	~~~	invādēbant	~~~

Lektion 17

B 4 *Die Anfangsbuchstaben aller Futurformen ergeben aneinandergereiht eine Empfehlung des römischen Redners und Staatsmannes Cicero gegen das, was man heute Streß nennt:*

vivit – de – via – negabis – manes – ignoscam – sacris – respondes – honorabor – iussu – eram – nos – augemus – venis – invades – ludam – itineri – aderis – orabas – praebes – geres – paene – exibunt – aliquando – reddetur – orbis – urbis – erras – eris – iubes – defensurum – fuit – caelum – ero – intrabam – licebit – nullam – errabo – aeternam – postquam – caedetur – arbor – copiam – traham – exis – aderit – fabri – memoriam – tollent.

C Freiheit und Freizeit

Wer das Rätsel in B 4 gelöst hat, bekommt von Cicero – übrigens einem sehr fleißigen Menschen – noch eine Lehre mit auf den Heimweg:

Mihi enim liber non videtur, qui non aliquando nihil agit.

Lektion 17

A 1 Seeräuber bringen die Großmacht Rom in Bedrängnis

Prīmō a. Chr. n. saeculō pīrātae mare internum nāvibus suīs cūnctīs hominibus īnfēstum reddēbant. Nam exercitūs Rōmānī bellandō dīripiendōque multās gentēs in ultimam miseriam inopiamque pe-
5 pulerant[1]. Ita multī hominēs perditī ad rapiendum incitābantur.
Prīmō pīrātae nāvēs mercātōrum oppressērunt et mercātōrēs cēterōsque, quī negōtiōrum causā per mare nāvigābant, capiēbant. Deinde etiam in īnsulās, lītora, portūs Italiae impetum facere audēbant. Nūllum erat praesidium in classe Rōmānā.
10 Mox nēminī facultās nāvigandī dābātur; mox timōre pīrātārum lītora portūsque dēserēbantur; max frūmentum urbī Rōmae dēerat. Etiam magistrātūs Rōmānī ā pīrātīs capiēbantur, cum officiī causā in prōvinciās nāvigābant.

1 pepulerant: sie hatten getrieben

Münze, die Pompeius darstellt und an seinen Sieg über die Seeräuber erinnert. Der Dreizack und die Aufschrift NEPTUNI stellen einen Bezug zwischen Pompeius und dem Meeresgott her.

A 2 Pompeius erhält den Oberbefehl

Eā miseriā senātus populusque Rōmānus ad agendum incitātus est: Gnaeō Pompēiō, virō magnae virtūtis, imperium bellī pīrātārum lēge commissum est. Quī nūllum tempus agendī intermīsit, sed saepe
5 monendō cīvēs ad nāvigandum incitāvit. Postquam multae nāvēs aedificātae sunt, Pompēius prīmō Hispāniam, Siciliam, Āfricam ā pīrātīs līberāvit, deinde magnā celeritāte nāvigandō et fortiter bellandō pīrātās ūsque ad lītora Asiae pepulit. Multī pīrātae, ubī facultātem ēvādendī sibi nōn darī vīdērunt, sē in potestātem fidem-
10 que Pompēī dedērunt.
Cui Cicerō in ōrātiōne grātiam populī Rōmānī rettulit: „Laudō industriam Pompēī in agendō, cōnsilium in prōvidendō, celeritātem in cōnficiendō. Ita ūnā lēx, ūnus vir, ūnus annus nōs tantā miseriā līberāvit."

> Das Gerundium ist der substantivierte Infinitiv eines Verbs. Der Infinitiv eines Verbs ist also der Nominativ dieses Verbalsubstantivs.
>
> *Errare* humanum est.   (Das) Irren ist menschlich.
>
> Das Kennzeichen des Gerundiums in den übrigen Kasus ist -nd-, weswegen man auch von einer nd-Form eines Verbs spricht.

Lektion 17

Das Gerundium hat die Kasus:		Übersetzungen:
Gen.	facultās *ēvadendī*	die Möglichkeit des Entkommens/ zu entkommen
	ēvādendī causā	um zu entkommen
Akk.	ad *agendum*	zum Handeln; zu handeln
Abl.	*bellandō* et *dīripiendō*	durch Krieg(führen) und Plündern; dadurch, daß sie* Krieg führten und plünderten
	in *cōnficiendō*	beim Durchführen; bei der Durchführung

Das Gerundium kann durch ein Objekt oder ein Adverb ergänzt werden.

Pompēium laudandō	durch Loben des Pompeius/indem/ dadurch, daß er* Pompeius lobt/lobte
saepe monendō	indem/dadurch, daß er* oft mahnt/mahnte

* Person und Zeit müssen aus dem Prädikat des Satzes erschlossen werden.

B 1 *Schreiben Sie ab, vervollständigen Sie die Sätze aus der unten angeführten Liste von Wortblöcken und übersetzen Sie (es bleiben keine übrig!):*

1. Lūcius cum amīcīs ~~~ in forum Rōmānum contendet.
2. Gladiātōrēs clamōre spectātōrum ~~~ incitantur.
3. Mercātor ~~~ paucīs diēbus ad lītus Graeciae vēnit.
4. Rōmānī locīs pūblicīs ~~~ dēlectābantur.
5. Imperātōrēs Rōmānī fīnēs imperiī ~~~ dēfendēbant.
6. Date mihi facultātem ~~~ !
7. Tiberius Gracchus ~~~ in invidiam senātōrum vēnit.
8. Pīrātae ~~~ mare īnfēstum facient.

eās rēs nārrandī – ad fortiter pūgnandum – magnā celeritāte nāvigandō – spectandī causā – pilā lūdendō – nāvēs mercātōrum opprimendō – lēgem agrāriam[1] ferendō – multa castra aedificandō.

1 agrārius, a, um: Acker-

B2 Zur Wortbildung durch Vorsilben:

ad- *Die Vorsilbe* ad- „zu-, hinein-, bei-" *kennen Sie von* ad-dere, ad-esse. *Versuchen Sie zu deuten:*
addūcere – adīre – advolāre – advenīre – advocāre – accurrere (=adcurrere).

con- *hat oft die Bedeutung* „zusammen-": cōn-ferre, con-vocāre, con-iūrāre, con-iūrātiō. *Deuten Sie:*
concurrere – convenīre.

dē- *hat die Bedeutung* „weg-, fort-, herab-": dē-esse, dē-spērāre, dē-terrēre. *Deuten Sie:*
dēdūcere – dēportāre – dētrahere.

re(d)- „zurück-" *ist bekannt aus* red-īre, re-stituere, re-spondēre. *Deuten Sie:* recurrere – repellere – revocāre – retinēre – removēre.

B3 *Bestimmen Sie:*

-o agrō – dēlendō – eō – ūnō – moveō – tollō – volō – audeō – mittō – tōtō – tuō – relinquō – restituō – committendō – virgō – prō – legiō.

-e vōce – sene – pūnīre – plēbe – ecce – ēgestāte – deinde – addere – mitte – ferē – ferre – sine – flūmine – vidē – crūdēlitāte – audē – paene – opere – movē – mare – morte – bene – ponte.

-i inhūmānī – hostī – fīnī – rēgī – tacendī – proeliī – puerī – pulsī – mōvī – relinquendī – relictī – aedificiī – aedificandī – ubi – urbī – exī – cēterī – capiendī – operī – ibi – mōtī – mittī – mīsī.

S Der Hafen Ostia, römische Schiffe. Die Römer waren ursprünglich kein Seefahrervolk. Erst mit dem Ausgreifen ihrer Macht nach Sizilien, Nordafrika und in das östliche Mittelmeer begannen sie, in größerem Umfang Kriegs- und Handelsschiffe zu bauen. Als in der Kaiserzeit bei allgemeinem Frieden und Wohlstand der Schiffsverkehr stark zunahm und vor allem zur Getreideversorgung Roms regelmäßiger Schiffsverkehr im Mittelmeer eingerichtet wurde, sorgte die Reichsverwaltung für gute Häfen mit Leuchttürmen, Kais, Lastkränen und Speicherhallen. Dort wurden die Waren umgeschlagen und dann zu Land oder auf Flußkränen weitertransportiert. In Ostia Antica, dem Hafen des antiken Rom an der Tibermündung, kann man noch heute Ruinen von mehrstöckigen Speichern und von Kontoren

Römisches Kriegsschiff

der Reedereien sehen, die Verbindungen in alle Teile der damals bekannten Welt unterhielten. Manche der noch erhaltenen Fußbodenmosaiken zeigen, auf welche Ware die einzelne Reederei spezialisiert war: z. B. Wein oder Öl oder Tiere aus Afrika für die Tierhetzen in der Arena. Römische Banken hatten Zweigstellen in Ostia, bei denen seefahrende Händler Kredite zur Finanzierung ihrer Geschäfte aufnehmen konnten. Zollbeamte kontrollierten die Ein- und Ausfuhr und erhoben Hafenzölle, die eine wichtige Einnahmequelle des römischen Staates waren. In Ostia kam das Getreide für die Hauptstadt an; für Beschaffung, Organisation des Transports auf Hunderten von Schiffen und den Umschlag im Hafen war ein hoher Beamter, der *praefectus annonae,* verantwortlich.

Ein römisches Seefrachtschiff (*navis oneraria*) war in der Regel 20–30 m lang und etwa 6 m breit. Als Segelschiff erreichte es nur eine geringe Geschwindigkeit. Es gab aber auch größere Lastschiffe, die u. a. für die Getreideversorgung der Hauptstadt erforderlich waren; sie verkehrten vom Frühjahr bis zum Herbst regelmäßig zwischen den Kornkammern des Reiches (z. B. Ägypten, Sizilien) und Ostia. Bei einer Länge von etwa 50 m sollen sie bis zu 450 Tonnen Getreide gefaßt und dazu noch Passagiere befördert haben. Auch von Spezialtransporten wird berichtet. So ließ der

Kaiser Caligula ein Schwerlastschiff bauen, das einen 322 Tonnen schweren Obelisken aus Ägypten unversehrt nach Italien brachte.
Ein römisches Kriegsschiff (*navis longa*) war mit bis zu 180 Ruderern besetzt. Die Ruderbänke waren meistens in drei Reihen übereinander angeordnet. Diese Schiffe, *Trieren* genannt, waren außer mit einem Rammsporn am Bug mit Kampftürmen ausgestattet, von denen man Steine, Stahlbolzen oder sogar Brandgeschosse gegen die feindlichen Schiffe schleudern konnte. Am Bordrand standen Soldaten, um feindliche Schiffe zu entern oder Enterversuche abzuwehren.

Lektion 18

Der Kampf um *Trōia* (Gen. Trōiae), eine Stadt an der Westküste der heutigen Türkei, ihre Eroberung durch die Griechen und die Schicksale der griechischen und trojanischen Helden waren seit Homer beliebte Themen der griechischen Dichtung. Auch römische Dichter konnten sich der Wirkung der griechischen Vorbilder nicht entziehen. *Vergilius* (70–19 v. Chr.) stellte den trojanischen Helden *Aenēās* (Gen. Aenēae) und seine Irrfahrten in den Mittelpunkt einer Dichtung, die er *Aenēis* nannte.

A 1 Äneas verläßt das zerstörte Troja

Ut Vergilius, poēta nōbilis, nārrat, Aenēās fīlius Anchīsis[1], virī mortālis, et Veneris, deae immortālis, erat. Decem annōs cum aliīs virīs fortibus Trōiam ab impetū ācrī Graecōrum dēfendēbat. Post-
5 quam autem urbs īnfēlīx cōnsiliō deōrum immortālium expūgnāta dēlētaque est, Aenēās iussū Veneris mātris ē caede ingentī effūgit et cum patre Anchīse[1], Iūlō[2] fīliō paucīsque fortibus sociīs patriam relīquit.
Nāvibus celeribus Trōiānī in Thrāciam[3] iter fēcērunt. Sed ōmine
10 horribilī eō locō dēterritī sunt; ita aliās terrās aliāsque īnsulās petīvērunt. Tandem Apollō ōrāculō eōs „mātrem antīquam" quaerere iussit. Diū dē iīs verbīs cōnsulēbant; tandem Anchīsēs[1] dīxit: „Egō Italiam ‚mātrem antīquam' esse putō, nam ex eā terrā Dardanum, proavum[4] Trōiānōrum, ōlim in Asiam vēnisse fāma est.
15 Itaque Italiam petite!"

1 Anchīsēs, Anchīsis: Anchises (Vater von Äneas)   2 Iūlus, ī: Julus (Sohn des Äneas)   3 Thrācia, ae f.: Thrakien (Landschaft an der Küste Nordgriechenlands)   4 proavus, ī m.: Urahn, Vorvater

Lektion 18

A 2 Ein Sturm verschlägt ihn nach Afrika

Trōiānī verbīs Anchīsis[1] pāruērunt laetīque nāvēs solvērunt. Iam Sicilia Italiaque ante oculōs erant, iam errōrēs fīnītōs esse putābant, cum subitō tempestās ingēns et horribilis parvam classem oppressit.
5 Magnō cum dētrīmentō nāvium Trōiānī īnfēlīcēs ad lītus Āfricae pervēnērunt. Sed ab incolīs et ā Didōne[5], rēgīnā eōrum, cum benevolentiā receptī sunt. Rēgīna „Etiam nōs", inquit, „ē patriā in Asiā sitā expulsī sumus. Hīc novam urbem novamque patriam condēmus. Iam nōs in labōrandō aedificandōque occupātōs esse
10 vidētis. Carthāgō[6] nōmen urbis nostrae erit. Vōs salvēre iubeō."

5 Dīdō, Dīdōnis: Dido (sagenhafte Königin und Gründerin Karthagos)
6 Carthāgō, Carthāginis f.: Karthago (eine in Nordafrika liegende Kolonie der phönizischen Stadt Tyrus)

Adjektive der i-Deklination
haben für m., f. und n. im Nom. Sg. entweder:

drei verschiedene Formen: celer m., celeris f., celere n. oder
zwei verschiedene Formen: fortis m. und f., forte n. oder
eine Form für alle drei Geschlechter: fēlīx m. f. n.

Auch bei diesen Adjektiven muß der Genitiv Sg. immer mit eingeprägt werden.

	m.	f.	n.	m. + f.	n.
Sg.	celer	celer-is	celer-e	fortis	forte
		celer-is		fortis	
		celer-ī		fortī	
	celer-em		celer-e	fortem	forte
	celer-ī			fortī	
Pl.	celer-ēs		celer-ia	fortēs	fortia
	celer-ium			fortium	
	celer-ibus			fortibus	
	celer-ēs		celer-ia	fortēs	fortia
	celer-ibus			fortibus	

	m. f.	n.		m. f.	n.
Sg.	fēlīx		Pl.	fēlīcēs	fēlīcia
	fēlīcis			fēlīcium	
	fēlīcī			fēlīcibus	
	fēlīcem	fēlīx		fēlīcēs	fēlīcia
	fēlīcī			fēlīcibus	

Lektion 18

Aeneas trägt seinen gelähmten Vater Anchises aus dem brennenden Troja. Der Junge ist Ascanius, Aeneas' Sohn. Statuengruppe von G. L. Bernini, entstanden um 1620

Lektion 18

B 1 *Schreiben Sie ab und setzen Sie zu den Substantiven*

mīlitis – terrae – opera – ōmina – dētrīmentō – nāvibus – proelium – tempestās

passende Adjektive aus folgender Liste (es bleiben keine Adjektive übrig!):

horribilia – celeribus – ingentī – fortis – fēlīcis – ācre – ācris – ingentia.

B 2 *Bestimmen Sie die Formen (mehrdeutige Endungen beachten!):*

mīsī – miserī – mittī – dominī – cōnsulī – mortālī – audīris – mittis – missīs – dominīs – cōnsulis – mortālis – antīqua – celeria.

B 3 *Schreiben Sie ab und ergänzen Sie, bevor Sie übersetzen, die Leerstellen der folgenden Sätze mit den unten angeführten Adjektiven (es bleiben keine übrig!):*

1. Aenēās patriam ~~~ cum dolōre ~~~ relīquit.
2. Venus, māter ~~~ Aenēae, fīliō ~~~ in itinere aderat.
3. Trōiānī iam lītus Italiae ante oculōs habēbant, cum subitō tempestās ~~~ eōs ad lītus Āfricae pepulit.
4. Rōmānī cum ~~~ perīculō nāvigābant, quod pīrātae mare īnfēstum reddēbant.
5. Pompēius bellum pīrātārum ūnō annō classe nāvium ~~~ cōnfēcit.
6. Tiberius Gracchus, quī ~~~ genere nātus erat, agricolīs ~~~ adesse parātus erat.

ācrī – acer – ācrem – fēlix – ācris – celerium – īnfēlīcem – ingentī – nōbilī – īnfēlīcibus – immortālis – fēlīcem – fortī.

B 4 *Die Anfangsbuchstaben der Wörter, die Nom. Sg. sind, ergeben aneinandergereiht einen Spruch, dem Menschen zu allen Zeiten folgten und folgen.*

virium – urbs – vicīnas – es – bellum – quam – incolarum – ingens – detrimenta – benevolentia – habent – tela – exercitus – populīs – ingentis – nobile – inopiam – fert – egestas – ingentem – acres – imperium – insulas – bona – speramus – infelix – spectatoris – portus – aperiuntur – acre – duces – tertium – annum – invidiis – religio – nostro – vides – immortale – equum – acris – tempestatem – facis.

Lektion 19

A1 Äneas verläßt Dido[1]

Trōiānī[2] ā rēgīnā tantā hūmānitāte salūtātī libenter urbem domumque rēgīnae intrāvērunt, ubī Dīdō[1] Aenēae eiusque sociīs magnum convīvium parāvit. Aenēās ā rēgīnā iussus trīstem interitum Trōiae[2], longōs errōrēs, ingentia perīcula nārrāvit.

Dīdō[1] autem amōre virī īnsīgnis incēnsa Aenēam sibi marītum fore spērāvit cupīvitque. Etiam Aenēās benevolentiā rēgīnae pulchrae commōtus cum Trōiānīs[2] Carthāgine manēre cōgitābat.

Sed Mercurius, nūntius deōrum, ab Iove missus Aenēam ita increpuit[3]: „Num officium et pietās erga nūmen deōrum immortālium memoriam tuam fūgērunt? An īgnōrās Iovem gentī tuae rēgnum Italiae, quīn etiam rēgnum tōtīus orbis terrārum prōmīsisse? Nōnne tē commōvet tantārum glōria rērum? Iuppiter tē statim nāvēs solvere iubet."

Dolōre et trīstitiā commōtus pāruit Aenēās Āfricamque relīquit. Dīdō[1] autem īnfēlīx omnī spē dēiecta mortem sibi cōnscīvit[4].

1 Dīdō, Dīdōnis: Dido (Königin von Karthago)   2 Trōia, ae f.: Troja (Stadt und Festung in der heutigen Türkei); Trōiānī, ōrum: Trojaner   3 increpāre (Perf. increpuī): ausschelten   4 mortem sibi cōnscīvit: sie nahm sich das Leben

A2 Abstieg in die Unterwelt

Tandem Aenēās ad lītus Italiae pervēnit, Sibyllam[1], vatem[2] praeclāram, adiit. Quae dē rēbus futūrīs ab Aeneā interrogāta ad īnferōs eum dēscendere iussit: „Ibī anima patris Anchīsis[3] tibi futūra praedīcet."

Rāmō[4] aureō arboris sacrae īnstrūctus Aenēās iter in horribilem domum īnferōrum fēcit. Ibī ā Sibyllā[1] per loca trīstia et terrōris plēna ductus tandem animam patris invēnit.

Quī fīliō, postquam multa dē futūrīs pūgnīs perīculīsque nārrāvit, animam Rōmulī, futūrī conditōris[5] urbis Rōmae, mōnstrāvit. Mōnstrāvit eī dēnique animam Caesaris Augustī: „Eum virum", inquit, „ē gente tuā nātum Iuppiter populō Rōmānō prōmīsit. Ōlim in orbe terrārum ā sē pācātō aurea condet saecula."

1 Sibylla, ae: Sibylle (sagenhafte Prophetin in Cumae in der Nähe Neapels)
2 vatēs, is f.: Prophetin   3 Anchīsēs, Anchīsis: Anchises (Vater des Äneas)
4 rāmus, ī m.: Zweig   5 conditor, ōris m.: Gründer

Lektion 19

Das Partizip kann auf verschiedene Weise übersetzt werden:

1. Durch einen Gliedsatz mit Konjunktion (Konjunktionalsatz):
   Aenēās dolōre commōtus Iovī pāruit.
   Obwohl Aeneas von Schmerz bewegt war, gehorchte er Jupiter.
   Trōiānī ā rēgīnā tantā hūmānitāte salūtātī intrāvērunt.
   Nachdem die Trojaner von der K. mit so großer Freundlichkeit begrüßt worden waren, traten sie ein.
   Dīdō amōre incēnsa Aenēam Carthāgine mānsūrum spērāvit.
   Weil Dido verliebt war, hoffte sie ...

2. Manchmal ist auch eine Übersetzung durch ein Substantiv möglich:
   Dīdō ē patriā expulsa urbem in Āfricā condidit.
   Nach der Vertreibung aus dem Vaterland gründete Dido ...

3. Durch einen Relativsatz:
   Patriam tam diū quaesītam ...
   Das Vaterland, das so lange gesucht worden war, ...
   In orbe terrārum ā sē pācātō ...
   Auf dem Erdkreis, der von ihm unterworfen worden ist, ...

4. Durch ein Partizip:
   Patriam tam diū quaesītam in Lātiō invēnit.
   Das so lange gesuchte Vaterland fand er in Latium.
   In orbe ā sē pācātō ...
   In dem von ihm unterworfenen Erdkreis ...

5. Durch Beiordnung:
   Dīdō ē patriā expulsa urbem in /fricā condidit.
   Dido war aus dem V. vertrieben worden und gründete (danach) eine Stadt in Afrika.

Das PPP gibt die *Vorzeitigkeit* an; d. h., die Handlung, die durch das Partizip ausgedrückt wird, geschieht *vor* der Handlung des Prädikats.

B 1 *Schreiben Sie das Partizip und sein Beziehungswort heraus. Überlegen Sie, welche Konjunktion bei der Übersetzung mit einem Konjunktionalsatz den Sinn am besten wiedergibt. Versuchen Sie auch andere Übersetzungsmöglichkeiten:*

1. Aenēās ā Venere mātre patriam īnfēlīcem relinquere iussus ē proeliō exiit.
2. Apollō ā Trōiānīs dē novā patriā cōnsultus eōs „antīquam mātrem" quaerere iussit.
3. Trōiānī tempestāte horribilī oppressī dē salūte nōn dēspērāvērunt.
4. Dīdōnem ab Aeneā dēsertam mortem sibi cōnscīvisse[1] poēta nārrat.
5. Tandem Aenēās in Lātiō[2] novam patriam diū quaesītam invēnit.
6. Nostrīs temporibus Henrīcus Schliemann Trōiam ōlim ā Graecīs dēlētam effōdit[3].

1 sibi mortem cōnscīscere (Inf. Perf.: cōnscīvisse): sich das Leben nehmen
2 Lātium, ī n.: Latium (Landschaft, in der später Rom gegründet wurde)
3 effodere (Perf.: effōdī): ausgraben

B 2 *Stellen Sie aus dem „Wortbaukasten" sinnvolle Sätze zusammen und übersetzen Sie:*

Mögliche Subjekte:

Trōiānī – Catilīna – Tiberius Gracchus – agricolae Rōmānī

Mögliche Wortverbindungen mit Prädikat:

ā senātōribus necātus est – novam spem cēpērunt – sē ad cōpiās suās contulit – vītam īnfēlīcem ēgērunt – statim lēgem novam tulit

Mögliche Wortverbindungen mit Partizip:

ā senātōribus agrīs expulsī – ā plēbe tribūnus plēbis creātus – ē tempestāte servātī – ā cōnsule in exīlium īre iussus.

B 3 *Bestimmen Sie:*

tabulārum – perniciēī – hūmānitātī – omnis – nōnnūlla – mente – extrēmō – caede – cōpiae – alteram – nōbile – iūdice – cīvitātem – cīvem – vulnera – classēs – crūdēlitāte – fēlīcēs – gentēs.

Lektion 19

Miniatur aus einer Handschrift um 400 n. Chr. Sie illustriert eine Szene vom Anfang des 6. Buches der *Aeneis* des Vergil. Aeneas und sein Gefährte Achates nähern sich vor dem Tempel des Apollo der Seherin Sibylle.

C Rom über alles

In Vergils Aeneis verkündet Anchises seinem Sohn Äneas, dem er in der Unterwelt begegnet, daß Rom über den Erdkreis herrschen soll:

Andere Völker sind dir, Römer, in Kunst und Wissenschaft überlegen, jedoch

> tu regere[1] imperio populos, Romane, memento[1]
> – hae[2] tibi erunt artes[3] – pacique imponere morem[4]:
> parcere subiectis[5] et debellare superbos[6].

1 regere mementō: denke daran zu regieren   2 hae (Nom. Pl.) f.: dies
3 artēs (Nom. Pl.) f.: Künste   4 pācī impōnere mōrem: dem Frieden seine Ordnung geben   5 parcere subiectīs: diejenigen, die sich unterwerfen, verschonen   6 dēbellāre superbōs: diejenigen, die Widerstand leisten, durch Krieg unterwerfen

Rom als Hauptstadt der Welt. Symbolische Darstellung aus der Peutingerschen Tafel (*Tabula Peutingeriana*)

Lektion 20

A 1 Aus dem Leben des Kaisers Augustus

Gāius Iūlius Caesar Octāvium[1] iuvenem testāmentō fīlium et herēdem[2] adoptāverat[3]. Quī post Caesaris caedem exercitum prīvātō sumptū comparāvit, ut auctōrēs caedis pūnīret.

5 Postquam Octāviānus[1] ē longīs bellīs cīvīlibus victor Rōmam rediit, dēsīderium pācis apud omnēs tantum fuit, ut senātus populusque eī dictātūram offerret. Octāviānus[1] autem dictātūram sibi oblātam nōn accēpit. Quīn etiam rem pūblicam in senātūs populīque Rōmānī potestātem reddidit. Quō prō meritō ā senātū Augustus appellātus
10 est. Praetereā lēge sānctum est[4], ut sacrōsānctus esset eīque per tōtam vītam potestās tribūnī plēbis dēferrētur. Quō ex tempore auctōritās prīncipis tanta fuit, ut omnibus praestāret. Sed dominī appellātiōnem ēdictō vetuit, nē invidiam atque odium cīvium senātōrumque commovēret.

15 Coeptīs successit[5] ita, ut cīvēs eum pācis et optimae reī pūblicae auctōrem dīcerent. Saepe fīēbat, ut Iānus Quirīnus[6] ab eō clauderētur, quod terrā marīque pāx erat.
Sed ūnam magnam clādem accēpit: Quīntīlius Vārus dux cum tribus legiōnibus in Germāniā caesus est. Postquam id Rōmam allātum
20 est, Augustus adeō dolōre et trīstitiā commovēbatur, ut interdum magnā vōce clāmāret: „Quīntīlī Vāre, legiōnēs redde!" Per tōtam urbem mīlitēs dispōnī iussit, quod timēbat, nē Rōmae tumultūs fierent. Ēdīxit, ut is diēs nefāstus habērētur.
Ante mortem Augustus amīcōs interrogāvit: „Num vōbīs videor
25 mīmum[7] vītae commodē trānsēgisse[7]?"

1 Octāvius, iī: Octavius (Großneffe Caesars; nach seiner Adoption trug er den Namen C. Iūlius Caesar *Octāviānus*) 2 herēs, herēdis m.: Erbe 3 adoptāverat: er hatte adoptiert 4 sānctum est: es wurde festgelegt 5 coeptīs successit: er hatte mit seinem Vorhaben Erfolg 6 Iānus Quirīnus: der Janusbogen (er stand auf dem Forum Romanum und wurde nur in Friedenszeiten geschlossen) 7 mīmum trānsigere (Perf.: trānsēgī): die Komödie zu Ende spielen

A 2 Zitate und Sprichwörter

Aus dem römischen Bereich:

Audiātur et altera pars. – Dō, ut dēs. – Nēmō ante mortem beātus dīcātur. – Videant cōnsulēs, nē quid[1] rēs pūblica dētrīmentī capiat.

Lektion 20

Christliches Latein:

Fīat lūx. Et facta est lūx. – Adveniat rēgnum tuum. – Ōrēmus. – Nōmen Dominī laudētur in aeternum.

Aus einem Studentenlied:

Gaudeāmus igitur[2], iuvenēs dum sumus.
... Vīvat acadēmia, vīvant professōrēs; semper sint in flōre[3].
... Pereat trīstitia.

1 quid ... dētrimentī: „irgendeinen Schaden" 2 igitur: also 3 flōs, flōris m.: Blüte

Konjunktiv Präsens				
ā-Konjug.	ē-Konjug.	ī-Konjug.	kons. Konjug.	
laud-e-m	mone-a-m	audi-a-m	ag-a-m	capi-a-m
laudēs	moneās	audiās	agās	capiās
laudet	moneat	audiat	agat	capiat
laudēmus	moneāmus	audiāmus	agāmus	capiāmus
laudētis	moneātis	audiātis	agātis	capiātis
laudent	moneant	audiant	agant	capiant

esse: sim, sīs, sit, sīmus, sītis, sint

Konjunktiv Imperfekt				
ā-Konjug.	ē-Konjug.	ī-Konjug.	kons. Konjug.	
laudā-re-m	monē-re-m	audī-re-m	age-re-m	cape-re-m
laudārēs	monērēs	audīrēs	agerēs	caperēs
laudāret	monēret	audīret	ageret	caperet
laudārēmus	monērēmus	audīrēmus	agerēmus	caperēmus
laudārētis	monērētis	audīrētis	agerētis	caperētis
laudārent	monērent	audīrent	agerent	caperent

esse: essem, essēs, esset, essēmus, essētis, essent

Konjunktiv Präsens und Imperfekt von *īre* und *posse*:

Konj. Präs. von ire: eam, eās ...   von posse: possim, possīs ...
Konj. Imperf.   : īrem, īrēs ...   : possem, possēs ...

Der lateinische Konjunktiv Präsens drückt Wunsch, Aufforderung, Absicht aus.

Audiātur et altera pars.	Auch die andere Seite soll gehört werden.
Gaudeāmus igitur!	Freuen wir uns also! / Laßt uns also fröhlich sein!

Im Gliedsatz steht der Konjunktiv nach bestimmten Konjunktionen, z. B. zur Angabe des Zwecks nach **ut**, **ne** (final):

Dō, ut dēs.	Ich gebe, damit (auch) du gibst.
Ōrō tē, ut mihi pecūniam dēs.	Ich bitte dich, daß du mir Geld gibst.
	… mir Geld zu geben.
Augustus sē dominum appellārī vetuit, nē invidiam commovēret.	… damit er keinen Neid erregte/um keinen Neid zu erregen.

Manchmal drückt ut m. d. Konj. im Gliedsatz eine Folge aus (konsekutiv):

Auctōritās prīncipis *tanta* fuit, *ut* omnibus praestāret.
Das Ansehen des Pr. war *so* groß, *daß* er alle überragte.

Oft weist ein Demonstrativum im Hauptsatz auf die im Gliedsatz genannte Folge hin.

B 1 *Bestimmen Sie die Funktion der Konjunktive in den folgenden Sätzen:*

1. Audācia pīrātārum tanta erat, ut etiam cum classe Rōmānā proelia committerent.
2. Populus ōrātiōne Cicerōnis commōtus Pompēiō imperium commīsit, ut tandem classēs pīrātārum opprimerentur.
3. Aenēās verbīs Veneris mātris monitus „Relinquāmus", inquit, „urbem īnfēlīcem, ut novam patriam in Italiā inveniāmus!"
4. Trōiānī ā Dīdōne rēgīnā invītātī, ut manērent, laetī clāmāvērunt: „Hīc maneāmus! Carthāgō nōbīs patria nova sit!"

Lektion 20

B 2 *Bestimmen Sie die Verbformen:*

praedīcat – dīcet – dīcit – fit – mīsit – praestat – iactat – fierent – paret – pāreat – parat – pācābit – pācet – mittit – mittet – fugat – fuget – fugit – fiunt.

B 3 *Ein nützliches Worttraining zur Unterscheidung:*

ācer – ager – agere
adeō – adīre – addere – adesse
aperīre – appārēre – apportāre – appellāre – appropinquāre
audīre – augēre – autem – auctor
capere – caput

Setzen Sie dieses Training durch Zusammenstellen Ihnen bekannter ähnlich klingender Vokabeln fort.

C „In terra pax hominibus"

Kaiser Augustus begegnet uns auch in der biblischen Weihnachtsgeschichte:
Factum est autem in diebus illis[1], exiit edictum a Caesare Augusto, ut describeretur[2] universus[3] orbis.   Lucas 2,1

Die himmlischen Heerscharen, die den Hirten auf dem Felde erschienen, riefen:
Gloria in altissimis[4] Deo et in terra pax hominibus bonae voluntatis[5].   Lucas 2,14

1 illīs (Abl. Pl.): jenen   2 dēscrībere: hier: zählen   3 ūniversus, a, um: der gesamte   4 in altissimīs: in der Höhe   5 voluntās, -tātis f.: Wille

S Die Marmorstatue von Primaporta und die Pax Augusta. Kaiser Augustus wollte die Ideen und Tugenden, die Rom einst groß gemacht hatten, wieder ins Bewußtsein der Römer zurückrufen. Rom sollte mit neuem Glanz erfüllt werden: das *saeculum aureum*, das ersehnte Goldene Zeitalter, sollte den Römern und dem von ihnen beherrschten Erdkreis eine neue Ordnung bringen.
In dieser Politik spielte der nach vielen Kriegen erreichte Friedenszustand eine große Rolle. Ein noch immer mächtiger Gegner waren aber die Parther im Gebiet des heutigen Iran. Sie hatten 53 v.Chr. den Konsul M. Licinius Crassus getötet; Legionsadler seines geschlagenen Heeres waren in ihre Hände gefallen. Augustus gelang es 19 v.Chr. nach kleineren militärischen Erfolgen, den Partherkönig zu einem Abkommen zu bewegen, so daß dieser die 34 Jahre zuvor erbeuteten Feldzeichen zurückgab und erklärte, daß er die Vorherrschaft des römischen Volkes respektiere. Diesen diplo-

Lektion 20

Marmorstatue des Augustus, gefunden 1863 bei Prima Porta, einem Ort in der Nähe Roms

matischen Erfolg rühmte Augustus nicht nur in amtlichen Berichten, er ließ ihn auch durch Dichter und bildende Künstler gleichsam als Vollendung seines großen Friedensgebäudes herausstellen.

Ein Beispiel dafür ist die Marmorstatue von Prima Porta (s. Abb.), die ein wohldurchdachtes Bildprogramm zeigt. Augustus ist als Sieger dargestellt: als Feldherr in Prunkuniform. Schon auf den ersten Blick fällt jedoch auf, daß er keine Feldherrnstiefel trägt. Dies hebt ihn in eine göttliche Sphäre: barfuß wurden in der Antike Götter und Heroen dargestellt.

Der Brustpanzer ist reich geschmückt. Die dort abgebildeten Figuren zeigen, wie der Kaiser den Zusammenhang zwischen dem Erfolg über die Parther und dem Beginn des goldenen Friedenszeitalters unter seiner Herrschaft sah und dargestellt wissen wollte. In der Mitte des Bildes übergibt der Partherkönig in Barbarentracht Legionsadler und Feldzeichen einem römischen Offizier. Diese Szene ist eingebaut in eine viel weiter reichende Sicht der Welt und ihres neuen Friedens- und Glückszustandes. Götter und Glückssymbole umrahmen das Bild: Über allem schwebt der Himmelsgott mit dem Himmelszelt, das er mit den Händen ausbreitet. Links fährt der Sonnengott mit seinem Wagen herauf; rechts erblickt man die fackeltragende Mondgöttin, die von der Morgenröte mit der Kanne als Symbol des Morgentaus begleitet wird. Darunter deuten Gestalten entwaffneter Menschen die unterworfenen Völker an. Unten lagert die Erdgöttin mit dem Füllhorn ihrer reichen Gaben; sie verkörpert Frieden und Wohlstand des neuen Zeitalters. Jupiters Kinder, Apollo und Diana, stehen daneben. Die Botschaft der Bilder auf dem Brustpanzer des Kaisers Augustus lautet: Die Menschheit ist mit der Herrschaft des römischen Volkes versöhnt; die Götter garantieren die neue Ordnung der *Pax Augusta*.

Umzeichnung des Brustpanzers

Lektion 21

Archimedes, am Tisch sitzend. Ein römischer Legionär tritt hinzu. Mosaik aus Herculaneum

A 1 Der Tod des Archimedes

Syrācūsae[1], magna et dīves Siciliae urbs, bellō Pūnicō secundō miserā sorte afficiēbantur: Urbe ab exercitū Rōmānō captā mīlitēs dīripiendī causā domōs invāsērunt. Memoriae prōditum est eō in tumultū etiam
5 Archimēdem[2], mathematicum[2] praeclārum, intentum in fōrmās, quās in pulvere scrībēbat, ā mīlite quōdam Rōmānō interfectum esse. Archimēde[2] interfectō Marcellum, imperātōrem Rōmānum, doluisse sepultūraeque honōrificae[3] cūram habuisse Līvius nārrat.

A 2 Ein römischer Quaestor als Archäologe

Duōbus ferē saeculīs post Cicerō ā senātū quaestor in Siciliam missus sepulcrum Archimēdis īgnōrātum a cīvibus Syrācūsānīs[1], quī id esse omnīnō negābant, investīgāvit. Posteā nārrat: Memoriā

1 Syrācūsae, -ārum (Pl.) f.: Syrakus (Stadt in Sizilien); Syrācūsānī: Einwohner von Syrakus   2 Archimēdēs, is: Archimedes (berühmter Mathematiker und Physiker in Syrakus)   3 sepultūra honōrifica: ein ehrenvolles Begräbnis

Lektion 21

5 tenēbam aliquot versūs Graecōs, quī dēclārābant in summō eius sepulcrō positam esse sphaeram⁴ cum cylindrō⁴. Sed multīs hominibus interrogātīs nēmō mihi tāle sepulcrum mōnstrāre potuit. Itaque mē in loca sepulcrōrum, quae undique dumētīs⁵ saepta⁶ ante portās erant, contulī. Tum multīs sepulcrīs investigātīs animadvertī
10 columellam⁷ tālem, quae nōn multum ē dumētīs⁵ ēminēbat. Prīncipibus Syrācūsānōrum vocātīs eum locum pūrgārī iussī. Aditū ita patefactō accessimus ad sepulcrum, in quō appārēbat epigramma⁸. Versibus lēctīs Syrācūsānī id sepulcrum Archimēdis, cīvis suī praeclārī, esse didicērunt – ā quaestōre Rōmānō doctī.

4 sphaera, ae f.: (Halb-)Kugel; cylindrus, ī m.: Zylinder   5 dumētum, ī n.: Dornengestrüpp   6 saeptus, a, um (m. Abl.): eingeschlossen von   7 columella, ae f.: Grabsäule   8 epigramma (griech.; Nom. Sg.): Grabinschrift

---

Ein Wortblock, der aus einem Substantiv im Ablativ und aus einem Partizip in KNG-Kongruenz zu diesem besteht, heißt **A**blativ **m**it **P**artizip, **A m P**. Der AmP vertritt einen Gliedsatz; das Substantiv füllt die Subjektstelle, das Partizip die Prädikatstelle. Bei der Übersetzung sollte man überlegen, welche Konjunktion den Sinn am besten wiedergibt.

Urbe captā ...   Nachdem / Weil / Obwohl die
                                    Stadt erobert worden war, ...
                                    Nach / Wegen / Trotz der
                                    Eroberung der Stadt ...
Multīs hominibus interrogātīs ...   Obwohl viele Menschen
                                    befragt worden waren, /
                                    Trotz der Befragung vieler
                                    Menschen ...

Der AmP kann durch adverbiale Bestimmungen ergänzt werden:

Aditū ita patefactō ...   Nachdem der Zugang auf
                                    diese Weise freigelegt worden
                                    war, ...
Nūntiō Rōmam allātō ...   Als die Nachricht nach Rom
                                    gelangt war, ...

Weil der AmP kein Beziehungswort außerhalb des AmP hat, nennt man ihn auch *Ablativus Absolutus*.

B 1 *Stellen Sie in A1 und A2 alle AmP fest und begründen Sie die Wahl Ihrer Übersetzung.*

B 2 *Überlegen Sie bei der Übersetzung, welche Konjunktion den Sinn des AmP am besten wiedergibt. Probieren Sie auch die Möglichkeit, den AmP durch ein Substantiv mit Präposition zu übersetzen:*

1. Locō circā sepulcrum pūrgātō Cicerō cum prīncipibus Syrācūsānōrum accessit et versūs Graecōs lēgit.
2. Sepulcrō Archimēdis investigātō Syrācūsānī Cicerōnī grātiās ēgērunt.
3. Germāniā paene superātā Cheruscī[1] tamen dē lībertāte nōn dēspērāvērunt.
4. Tribus legiōnibus caesīs Germānī Rhēnum nōn trānsiērunt[2].
5. Nūntiō clādis Rōmam allātō et prīnceps et cīvēs Rōmānī magnō terrōre affectī sunt.

1 Cheruscī, ōrum m.: Cherusker (ein Germanenstamm)   2 trānsīre (Stammformen wie īre): überschreiten

B 3 *Stellen Sie Sätze zusammen und übersetzen Sie:*

Mögliche Subjekte: Populus Rōmānus – Trōiānī – Aenēās

Mögliche Wortverbindungen mit Prädikat: cum quibusdam sociīs patriam relīquit – Italiam petīvērunt – Pompēiō imperium bellī pīrātārum commīsit – ad īnferōs dēscendit – paene in marī periērunt

Mögliche Wortverbindungen mit AmP: multīs cīvibus aut captīs aut necātīs – facultāte datā – urbe ab hostibus captā et dēlētā – multīs nāvibus tempestāte dēlētīs – nāvibus magnō cum gaudiō solūtīs.

C Die Leistung der Griechen aus der Sicht eines Römers

Ciceros Bruder Quintus verwaltete von 61–58 die Provinz Asia, die damals zum großen Teil von Griechen bewohnt war. Die hohe Wertschätzung, die sein Bruder Marcus für die Kultur und Bildung der Griechen empfand, wird aus einem Brief deutlich, den er ihm zum Amtsantritt schrieb:

Ei generi hominum praeeris[1], in quo non modo ipsa[2] est, sed etiam a quo ad alios pervenit[3] humanitas. Itaque iis potissimum[4] eam tribuere[5] debemus, a quibus accepimus.

1 praeesse (m. Dat.): voranstehen, führen   2 ipsa (Nom. Sg.) f.: (sie) selbst
3 pervenīre ad: gelangen zu   4 potissimum (Adv.): am meisten, besonders
5 tribuere: zuteil werden lassen

Lektion 21

S **Römer und Griechen.** Die Bewohner Italiens kamen schon früh mit den Griechen in Berührung. Seit dem 6. Jh. v. Chr. gab es in Unteritalien, u.a. in Neapel und Tarent, griechische Siedlungen. Die eigentliche Begegnung und Auseinandersetzung mit der griechischen Kultur begann aber erst, als die Römer in den Kriegen des 2. Jh. v. Chr. ins griechische Mutterland vordrangen. Die überlegene Kultur der Griechen, ihre Baukunst, Malerei, Plastik, Dichtung, Philosophie und Naturwissenschaft beeindruckte die Eroberer so stark, daß manche konservative Römer wie M. Porcius Cato zur Abwehr des Fremden und zur Bewahrung der alten römischen Denk- und Lebensweisen aufriefen.

Zur Zeit des Kaisers Augustus war es jedoch für einen gebildeten Römer der Oberschicht selbstverständlich, die griechische Sprache zu beherrschen, griechische Dichtung, Philosophie und bildende Kunst zu kennen und seine Söhne in Athen oder Rhodos studieren zu lassen. Der Staatsmann und Redner Cicero vermittelte in seinen Schriften den Römern griechische Philosophie und Redekunst. Griechische Künstler, Techniker, Baumeister, Ärzte waren in Rom führend.

Bei der Eroberung Griechenlands war eine große Menge von Marmorplastiken, Vasen und Gemälden als Beute nach Italien gebracht worden. Auch später kam es vor, daß römische Beamte in den Provinzen wertvolle Kunstgegenstände durch Erpressung oder Raub in ihren Besitz brachten. Reiche Römer besaßen Kopien griechischer Statuen und schmückten ihre Wohnungen mit griechischen Ölgemälden und Vasen.

Der römische Dichter Horaz (65-8 v. Chr.) hat die „Hellenisierung" Roms in folgenden Versen beschrieben:

> *Graecia capta ferum victorem cepit et artes*
> *intulit agresti Latio ...*

Das unterworfene Griechenland eroberte den rauhen Sieger
und führte die Künste ins bäurische Latium ein ...
(epist. II 1, 156f.)

Die Römer nahmen hin, daß die Griechen ihnen in allen Bereichen der Kultur und der *humanitas,* der gebildeten und verfeinerten Lebensart, überlegen waren; sie waren aber ebenso davon überzeugt, daß sie selbst in Politik, Krieg, Verwaltung und Organisation die Tüchtigeren seien und ihnen die Herrschaft über den Erdkreis deshalb mit Recht zustehe.

Lektion 22

Opferszene.
Marmorrelief aus dem 1. Jh. n. Chr.

A 1 Die Religion der römischen Bauern

Antīquīs temporibus Rōmānī eōs praecipuē colēbant deōs, quī agricolās in agrīs colendīs adiuvābant. Multōs diēs fēstōs agricolae
5 ēgērunt. Pater familiās victīmīs¹ circā agrum dūcendīs arva lūstrāvit² et Larēs³, deōs domūs et agrōrum, invocāvit⁴: „Ōrō vōs, ut mihi domō familiaeque nostrae propitiī sītis. Cuius reī causā suovetaurīlia⁵ circā agrōs meōs agī iussī. Facite, ut frūmenta bene ēveniant et pecora ā morbō malō atque calāmitāte dēfendantur." Domūs servan-
10 dae causā colēbantur Dī Penātēs⁶. Vesta⁷ dea ōrābātur, nē ignis focō dēesset.

A 2 Haben die Götter eine Aufgabe in der Welt?

Omnibus temporibus hominēs philosophiae dēditī dē nātūrā deōrum quaesīvērunt. Multī deōs omnibus rēbus cōnsulere putāvērunt. Quīdam philosophī antīquī etiam vītam hominum regendam eīs
5 attribuērunt. Itaque deōs hominibus colendōs timendōsque esse cēnsuērunt.

1 victima, ae f.: Opfertier   2 arva lūstrāre: Felder (religiös) reinigen, von Unheil befreien   3 Larēs (Nom. Pl.): Laren (Gottheiten, die Haus und Felder beschützten)   4 invocāre: anrufen, herbeirufen   5 suovetaurīlia (n. Pl.): die Suovetaurilien; Dreitieropfer (feierliches Opfer von *sūs*-Schwein, *ovis*-Schaf und *taurus*-Stier)   6 Dī (= Deī) Penātēs: Penaten (Gottheiten, die Haus und Vorratskammer beschützten)   7 Vesta, ae: Vesta (Göttin des Herdfeuers)

Lektion 22

Sed Epicūrus⁸ philosophus docuit: „Deī hominibus timendī nōn sunt. Numquam malōs hominēs pūniunt, numquam bonōs praemiīs afficiunt, quod deum neque īrā neque grātiā tenērī⁹ neque ūllō
10 mūnere occupārī decet, nē qua rēs voluptātī eius obsit. Deōs enim semper maximā in voluptāte vīvere inter omnēs cōnstat."
Aliī philosophī contrā: Epicūrī⁸ sī vēra sententia est, quae potest esse pietās, quae inter hominēs fidēs, quae religiō? Ea enim omnia attribuenda sunt deōrum nūminī. Sī autem deīs est neque potestās
15 neque voluntās generis hūmānī regendī adiuvandīque, quā dē causā sit hominibus religiō iūstitiaque aestīmanda, cūr nōbīs fidēs servanda, cūr pietās ergā deōs hominēsque colenda?

8 Epicūrus, ī: Epikur (griechischer Philosoph, 342–270 v. Chr.)   9 tenēre: hier: verpflichten; binden

---

Das Gerundivum ist (wie das Gerundium) eine nd-Form, die von einem Verb abgeleitet ist: z. B. colendus, a, um von colere. Es wird wie ein Adjektiv der ā- und ō-Deklination dekliniert, steht mit seinem Beziehungswort in KNG-Kongruenz und gibt an,

1. daß etwas getan (werden) wird. Das Gerundivum steht dann statt eines Gerundiums mit Objekt.

voluntās generis hūmānī regendī statt voluntās regendī genus humānum;
in agrīs colendīs (beim Bebauen der Felder)

2. daß etwas getan werden muß (verneint, daß etwas nicht getan werden darf). Hier hat es *passive* Bedeutung.
Das Gerundivum steht dann meistens als Prädikatsnomen bei einer Form von esse. Die Person, die etwas tun muß (oder nicht tun darf), steht im Dativ.

Deī hominibus timendī sunt. Die Götter müssen von den Menschen gefürchtet werden.
Quīdam philosophī deōs hominibus colendōs (esse) cēnsuērunt.

3. Das Gerundivum steht bei Verben des Übernehmens oder Übergebens zur Bezeichnung des Zwecks:
Philosophī deīs mundum administrandum attribuērunt. Die Philosophen haben den Göttern die Welt zum Regieren zugewiesen.

Lektion 22

B1 1) *Fassen Sie aus dem Text A2 die verschiedenen Standpunkte der Philosophen zusammen.*
2) *Was bezweckt Epikur mit seinen Argumenten?*
3) *Worin sehen die in A2, Zeile 12-17 zitierten Philosophen den Sinn des Glaubens an Götter?*
4) *Welche Meinung der Philosophen kommt der Einstellung am nächsten, die in A1 deutlich wird?*

B2 *Welche der oben erklärten Verwendungen des Gerundivums liegt in folgenden Sätzen vor?*

1. Imperātor Rōmānus urbem expūgnātam mīlitibus dīripiendam dedit.
2. Archimēdēs, dum in fōrmīs geōmetricīs¹ in pulvere scrībendīs occupātus erat, ā mīlite Rōmānō interfectus est.
3. Cicerō locīs, quae ante portās Syracūsārum sita erant, saepe vīsitandīs sepulcrum Archimēdis investigābat.
4. Quīdam philosophī deōs mortālibus omnī modō colendōs timendōsque cēnsuērunt, nē fidēs atque pietās ex hominibus tollerentur.

1 geōmetricus, a, um: geometrisch

B3 *Übersetzen Sie die Wortblöcke:*

in quaerendō – in amīcīs quaerendīs – amīcī quaerendī causā – ad lūdōs spectandōs – fīnem ōrandī – in petendā pāce – parātus ad bellum gerendum – voluntās lībertātis servandae – iūstitiā ergā inimīcōs servandā – facultās itineris faciendī.

B4 *Übungen zur Wortkunde:*

Wiederholen Sie: recipere – reddere – redīre – referre – relinquere – repūgnāre – respondēre – restituere

Erschließen Sie: recēdere – recreāre – redūcere – reficere – remanēre – renovāre – repellere – repōnere – reportāre – revocāre.

Wiederholen Sie: dēclārāre – dēesse – dēfendere – dēicere – deinde – dēmōnstrāre – dēscendere – dēserere – dēspērāre – dētegere – dēterrēre – dētrīmentum.

Erschließen Sie: dēcēdere – dēdūcere – dēmēns (Adj.) – dēpellere – dēpōnere – dēportāre – dētrahere – dētinēre.

109

Lektion 22

B 5 *Bestimmen Sie die Verbformen:*

tolerātur – tolerandus – patēbit – incoluērunt – vexātis – vexandī – promissī – periit – exit – cōnficiet – animadvertat – volat – supererunt – inveniendum – inventum – circumdās – accūsātās – relinquendō.

Weihgabe aus Silber an die Götter Minerva, Merkur und Apollo.
Weißenburger Schatzfund

S Römische Religion.
ehrten viele Götter und waren sorgfältig darauf bedacht, ihr Wohlwollen zu gewinnen oder es sich zu erhalten.
Schlechte Ernten, Krankheiten, Mißgeschick und Unglücksfälle schrieb man dem Zorn der Götter zu, darum war man bestrebt, sie durch genau festgelegte Opfer günstig zu stimmen oder zu besänftigen. Die Beziehung zwischen Göttern und Menschen stellte man sich als eine Art Vertragsverhältnis vor: Die Menschen leisten ehrfürchtig das, was den Göttern gebührt, und erhalten von ihnen entsprechende Gegenleistungen. Ein gutes Verhältnis zu den Göttern bezeichneten die Römer als pax deum (= pax deorum). Die frühesten Bewohner der späteren Stadt Rom waren Bauern und Hirten, ihr Leben prägte in alter Zeit das religiöse Denken. Es war hauptsächlich auf die Natur bezogen, außerdem auf Haus und Hof. Die Penaten *(penates)* schützten die Vorratskammer und bewahrten die Familie vor Mangel und Hunger. Vesta war die Göttin des immer brennenden Herdfeuers. Laren *(lares)* waren Haus- und Feldgötter, denen man im Haus und an Feldwegen kleine Heiligtümer errichtete.
In der römischen Staatsreligion der späteren Zeit waren die wichtigsten Götter der Himmelsgott Iuppiter und seine Gemahlin Iuno, Minerva, die Göttin des Handwerks und der Künste, sowie der Kriegsgott Mars. Für sie gab es einen staatlichen Kult, ihre Tempel standen im Zentrum Roms. Die Römer kannten keinen besonderen Priesterstand. Die senatorische Oberschicht stellte die Priesterkollegien; der pontifex maximus, der Oberpriester, wurde aus den Reihen der führenden Politiker vom Volk auf Lebenszeit gewählt. Vor jeder wichtigen politischen Handlung, z.B. vor einer Kriegserklärung, wurden von den Beamten oder dem Feldherrn die auspicia

eingeholt: Die Mitglieder eines Priesterkollegiums, dessen Aufgabe die Deutung göttlicher Zeichen war, die *augures,* wurden beauftragt, durch die Beobachtung des Vogelfluges herauszufinden, ob die Götter der beabsichtigten Handlung zustimmten.

Die Römer öffneten ihre Stadt auch den Göttern anderer Völker und Religionen. So wurden griechischen Göttern wie Apollon, dem Gott der Weissagung und der schönen Künste, und Asklepios (lat. Aesculapius), dem Gott der Heilkunst, in Rom Kultstätten und Tempel errichtet. Andere Götter der Griechen haben die Römer mit eigenen gleichgesetzt: den griechischen Götterboten Hermes mit Mercurius, ihrem Gott der Wege und der Kaufleute; die griechische Liebesgöttin Aphrodite mit Venus; Poseidon, den griechischen Meeresgott, mit dem römischen Gott der Flüsse und Meere, Neptunus. Die fremde Gottheit wurde hier von der römischen her aufgefaßt und verstanden (sog. interpretatio Romana). In der Kaiserzeit wurden auch Gottheiten aus dem Orient in Rom heimisch, z. B. die ägyptische Isis.

Lektion 23

Nach dem Tod Kaiser Neros konnte sich 69 n. Chr. der Feldherr *Titus Flāvius Vespasiānus* gegen drei Mitbewerber als neuer Kaiser durchsetzen. Die von den inneren Auseinandersetzungen geplagten Bewohner des Reiches, vor allem die der Provinzen, erhofften von ihm wieder Frieden und neues Glück, wie der römische Geschichtsschreiber *Cornēlius Tacitus* in seinen *Historiae* berichtet.

A Kann der Kaiser Wunder tun?

Bellō cīvīlī cōnfectō Vespasiānus imperātor cum exercitū per Aegyptum[1] Rōmam contendit. Iter per Alexandriam[2] faciēns ā plēbe illīus urbis undique concurrente ut pater patriae et quasi salūtis novae
5 auctor salūtābātur. Subitō homō morbō oculōrum vexātus ex illā multitūdine ante pedēs eius volvitur remedium caecitātis[3] poscēns atque clāmāns sē ā Serāpide[4] deō per somnum monitum, ut Rōmānōrum imperātōrem adīret. Interrogante autem Vespasiānō: „Quā rē tibi auxilium feram?" ōrat ille, ut oculōs spargeret ōris excrēmentō[5].
10 Imperātor prīmō rīdēre, negāre. At illō īnstante Vespasiānus modo

1 Aegyptus, ī f.: Ägypten   2 Alexandria, ae f.: Alexandria (damals Hauptstadt Ägyptens)   3 caecitās, -tātis f.: Blindheit   4 Serāpis, Serāpidis: Serapis (ägyptischer Gott)   5 excrēmentum, ī n.: Ausscheidung, hier: Speichel

famam vānitātis metuēns modo vōcibus suādentium adductus medicōs dē illā rē cōnsuluit. Quibus autem respondentibus vim oculōrum illī nōndum dēlētam et, sī adhibērētur vīs salūbris, reditūram Vespasiānus illud deīs fortasse cordī esse putāvit. Igitur cūncta suae
15 fortūnae patēre crēdēns facit illa, quae postulantur. Et redit caecō lux.

Das **P**artizip **P**räsens **A**ktiv (PPA, Partizip I) wird vom Präsensstamm des Verbs gebildet (Merkmal -nt-) und nach der konsonantischen Deklination dekliniert.

laudāre	– laudāns	m.,f.,n.	(Gen. laudantis):	lobend
studēre	– studēns	m.,f.,n.	(Gen. studentis):	strebend
crēdere	– crēdēns	m.,f.,n.	(Gen. crēdentis):	glaubend
facere	– faciēns	m.,f.,n.	(Gen. facientis):	machend

Das PPA steht in KNG-Kongruenz zu seinem Beziehungswort.
imperātor ... faciēns – ā plēbe concurrente – quibus interrogantibus

Das PPA bezeichnet eine Handlung, die mit der Handlung des Prädikats *gleichzeitig* stattfindet.

Man übersetzt das PPA in den meisten Fällen durch einen Adverbialsatz oder durch einen Relativsatz:

Imperātor iter per urbem faciēns ā plēbe concurrente salūtātur.
Während der Kaiser durch die Stadt geht, wird er vom Volk, das zusammenläuft, (vom zusammenlaufenden Volk) begrüßt.

Imperātor iter per urbem faciēns ā plēbe concurrente salūtābātur. Während (Als) der Kaiser durch die Stadt ging, wurde er vom Volk, das zusammenlief, (vom zusammenlaufenden Volk) begrüßt.

Illō īnstante Vespasiānus medicōs cōnsuluit. Weil (Als) jener beharrlich blieb, befragte Vespasian die Ärzte.

Manchmal kann das PPA als Substantiv übersetzt werden:

Imperātor vōcibus suādentium adductus est. Der Kaiser wurde durch die Stimmen der Zuredenden veranlaßt.

Lektion 23

Das Demonstrativpronomen ille, illa, ill**ud** – jener, jene, jenes

	Sg.			Pl.		
Nom.	ille	illa	illud	illī	illae	illa
Gen.	illīus	illīus	illīus	illōrum	illārum	illōrum
Dat.	illī	illī	illī	illīs	illīs	illīs
Akk.	illum	illam	illud	illōs	illās	illa
Abl.	illō	illā	illō	illīs	illīs	illīs

B 1 *Schreiben Sie das Partizip und sein Beziehungswort heraus und übersetzen Sie:*

1. Multitūdō imperātōrem vidēre cupiēns undique concurrēbat.
2. Vespasiānus medicīs suādentibus fēcit, quae postulābantur, et ita caecō illī salūtī fuit.
3. Pater familiās victimās[1] circā agrōs agēns auxilium deōrum implōrat.
4. Archimēdēs mīlitem Rōmānum domum suam invādentem circulōs suōs turbāre[2] vetuit.
5. Cicerōnī diū sepulcrum illīus virī quaerentī tandem illa columella[3] appāruit.
6. Cicerō illud sepulcrum invēnit cīvibus Syracūsānīs id omnīnō esse negantibus.

1 victima, ae f.: Opfertier   2 circulōs suōs turbāre: seine Kreise stören
3 columella, ae f.: Grabsäule

B 2 *Schreiben Sie die untenstehenden Sätze ab, setzen Sie dabei die folgenden Wortblöcke in die Lücken der Sätze ein und übersetzen Sie (es bleiben keine Wortblöcke übrig!):*

invidiam cīvium metuēns – mūrō magnō circumdata – potestātī senātōrum repūgnantēs – nūllō dēfendente – imperātōrem adiēns

1. Urbs ~~~ a Poenīs expūgnāta nōn est.
2. Augustus ~~~ sē dominum appellārī vetuit.
3. Mūrī ~~~ ab hostibus captī sunt.
4. Tribūnī plēbis ~~~ multīs virīs nōbilibus odiō erant.
5. Vir caecus ~~~ auxilium poposcit.

Lektion 23

B 3 Übungen zur Wortkunde

Wiederholen Sie die Verben:

accipere – accūsāre – accēdere – addere – adesse – adire – adiuvāre – advenīre – afferre – afficere – appārēre – appellāre – appropinquāre – attribuere – adhibēre.

Welche Veränderungen erfährt die Vorsilbe ad-, *und wie sind sie zu erklären?*

Erschließen Sie: addūcere – adicere (*verwandt mit* iactāre) – admittere – admonēre – adōrāre – admovēre – advolāre – attingere (*von* tangere) – advocāre – attrahere.

Welche Bedeutung der Vorsilbe per- *wird aus* pervenire *ersichtlich?*

Erschließen Sie: peragere – percurrere – perdūcere – perficere – perferre – perscrībere – perspicere (*verwandt mit* spectāre).

Welche Bedeutung der Vorsilbe per- *wird aus* perīre – perfidia – perditus *ersichtlich?*

B 4 *Wiederholen Sie die unten verzeichneten Adverbien und Konjunktionen, und sortieren Sie nach Orts- und Zeitangaben:*

semper – saepe – statim – tandem – prīmō – prōcul – prope – post – māne – mox – ibi – hīc – iam – dum – cum – dēmum – dēnique – diū – circā – nōndum – postquam – ubī – nōn iam – numquam – ōlim – nunc.

B 5 *Bestimmen Sie die Formen:*

vocantem – ad vocandum – vocantī – vocātī – corpore – bellante – occultandō – occultātō – ōrantēs – audendō – ōrnāns – errantēs – errōrēs – discentēs – dīcendī – ingentī – docentibus – interitus – doctīs – audentēs – ingentis – intermittēns – docēs – docentēs.

C Senat und Volk ehren Titus Vespasianus

Der Titusbogen auf dem Forum Romanum erinnert an den Sieg des Kaisers Vespasian und seines Sohnes Titus über die Juden und die Eroberung Jerusalems 70 n.Chr. Er wurde von Titus errichtet und trägt die nebenstehende Inschrift.

Lektion 23

```
        SENATUS
    POPULUSQUEROMANUS
  DIVOTITODIVIVESPASIANIF
    VESPASIANOAUGUSTO
```

Inschrift des Titusbogens (Umzeichnung)

divus (Anfang Zeile 3): göttlich (nach dem Tod
unter die Götter erhoben);
F (Ende Zeile 3) = F(ilius)

Lektion 24

Der Philosoph L. Annaeus Seneca
(um 4 v. Chr. – 65 n. Chr.)

A Was ist im Leben wünschenswert?

Seneca philosophus, cui multa, quae in vītā optāverat, prosperē, multa autem male ēvēnerant, vītae fīne appropinquante amīcō in epistulā scrīpsit:

5 SENECA LUCILIO SUO SALUTEM.

Dēsināmus, quod voluimus, velle. Egō certē id agō, nē senex eadem velim, quae puer voluī. Nam semper hoc opus et philosophī et senis esse putāvī: impōnere veteribus malīs fīnem et multa eōrum nōlle, quae iuvenis optāveram.

10 Scīre vīs et quaeris: „Quaenam mihi optanda sunt bona, ut bene vīvam?" Respondeō: Bene vīvere est secundum nātūram vīvere. Itaque haec vērē bona sunt, quae dat nātūra et comprobat ratiō. Cētera enim opīniōne sōlum bona sunt, ut colligere dīvitiās, ut multum in forō posse. Hae contentiōnēs multīs invidiōsae sunt; sed
15 rectē et vērē iūdicantī sordidae videntur, fontēs nōn virtūtis, sed animī perturbātiōnis. Semper enim hic favōre populī, ille turbā clientium[1] longē mē superābit. Praetereā semper is, quī multum habet, plūs cupit. Quī autem nimia cupit, eīdem celeriter tranquillitās animī rapta: in Fortūnae venit potestātem. Nōlī autem Fortūnae
20 servīre! Haec servitūs pessima.

Hīs omnibus contentiōnibus līberandus est animus eius, quī vērē līber esse vult. Tum dēmum nōn miserē, sed fēlīciter vītam aget. Hunc exspectant tranquillitās animī et expulsīs errōribus absolūta lībertās.

Mōs antīquus fuit epistulīs adicere „Sī valēs, bene est." Nunc rectē
25 dīcō: „Sī philosophāris[2], bene est." Valēre hoc dēmum est. VALE.

1 cliēns, clientis m.: Klient (Abhängiger, der seinen Herrn auf das Forum begleitete) 2 philosophāris: du philosophierst

Das Demonstrativpronomen hic, haec, hoc – dieser, diese, dieses

	Sg.			Pl.		
Nom.	hic	haec	hoc	hī	hae	haec
Gen.	huius	huius	huius	hōrum	hārum	hōrum
Dat.	huic	huic	huic	hīs	hīs	hīs
Akk.	hunc	hanc	hoc	hōs	hās	haec
Abl.	hōc	hāc	hōc	hīs	hīs	hīs

Die Ableitung des Adverbs aus Adjektiven

Adjektive der ā- und ō-Deklination hängen -ē an den Stamm an.

vērus, a, um → vēr-ē;   miser, misera, um → miser-ē

Adjektive der konsonantischen Deklination hängen -iter an den (im Gen. Sg. erkennbaren) Stamm an: fēlīx (Gen. fēlīc-is) → fēlīc-iter

---

Das Plusquamperfekt Indikativ bezeichnet die Vorzeitigkeit gegenüber einem Tempus der Vergangenheit.

Multa, quae *optāverat*, male *ēvēnērunt*.
Vieles, was er *gewünscht hatte*, ging schlecht *aus*.

Die Formen des Plusquamperfekts Aktiv verwenden den Perfektstamm. Das Plusquamperfekt Passiv setzt sich zusammen aus: Part. Perf. Passiv + Imperfekt von esse.

Aktiv	Passiv
laudāv-eram	laudātus, a, um eram
laudāv-erās	erās
laudāv-erat	erat
laudāv-erāmus	laudātī, ae, a erāmus
laudāv-erātis	erātis
laudāv-erant	erant

Das Hilfsverb velle – wollen

Präsens	volō	*Imperfekt*	volēbam	*Perfekt*	voluī
	vīs		volēbās		voluistī
	vult		...		...
	volumus	*Futur* I	volam	*Part. Präs.*	volēns
	vultis		volēs		volentis
	volunt		...		

nōlle – nicht wollen

Präsens	nōlō	*Imperfekt*	nōlēbam	*Perfekt*	nōluī
	nōn vīs		nōlēbās		nōluistī
	nōn vult		...		...
	nōlumus	*Futur* I	nōlam	*Part. Präs.*	nōlēns
	nōn vultis		nōlēs		
	nōlunt		...		

Imperativ nōlī! nōlīte!

B1 1) *Wie begründet Seneca seine Ablehnung der meisten* bona, *die andere Menschen für erstrebenswert halten?*
2) *Erläutern Sie den Gegensatz* ratio/opinio.
3) *Welche Rolle spielt die* Fortuna?
4) *Wie erwirbt man* libertas? *Berücksichtigen Sie bei Ihrer Antwort auch den Ausspruch in* C.

B2 *Schreiben Sie die Prädikate der Gliedsätze und der Hauptsätze heraus und bestimmen Sie das jeweilige Zeitverhältnis, bevor Sie übersetzen:*

1. Multitūdō, quae undique concurrerat, Vespasiānum magnō clāmōre salūtāvit.
2. Vir caecus, quī ā Serāpide deō monitus erat, ut auxilium ab imperātōre implōrāret, ante pedēs eius volvēbātur.
3. Vespasiānus, quae vir caecus poposcerat, fēcit.
4. Nam quīdam medicōrum, quī ab eō cōnsultī erant, suādēbant, quamquam aliī metuerant, ne prīnceps in fāmam vānitātis venīret.
5. Hāc rē fēlīciter cōnfectā fāma imperātōris ā multitūdine, quae hoc suīs oculīs vīderat, in caelum sublāta est.

Lektion 24

B 3 *Stellen Sie alle Ihnen als Vokabeln bekannten Adverbien zusammen, a) die auf* -ter *enden, b) die auf* -e *enden, c) die auf* -o *enden, d) die auf* -m *enden.*

B 4 Übungen zur Wortkunde:

Wiederholen Sie: immortālis – īnfēlīx – īnfēstus – inhūmānus – inimīcus – inopia (*vgl.* cōpia) – īgnōrāre – īgnōtus.

Erschließen Sie: incertus – intāctus – impietās – invictus – ingrātus (*vgl.* grātia) – īnfīnītus – īnfāmia – īnfortūnātus.

B 5 *Die Anfangsbuchstaben aller Partizipien Präsens ergeben einen Spruch, den man manchmal auf alten Uhren findet:*

fortiter – medio – vitio – manentes – pulverem – culpae – offerenti – quamdiu – tristitia – furore – regentium – spargentia – internas – gentes – claudentes – industriam – eminentem – negotii – quando – ridens – telum – tenenti – aliquot – attente – aestimantibus – honorante – duobus – obsidentibus – mentibus – intermittas – repugnans – audentia – nondum – instruentes – narrans – tales – cogitante – provident – expellentes – detrimenta – recipientis – industriis – tangente – tres – apportantes.

C Die Macht des Schicksals

Seneca schreibt in einem seiner Briefe:
Ducunt volentem fata[1], nolentem trahunt.

1 fāta (Pl. von fātum, ī n.): Schicksal

S Antike Philosophie. Mythen und Sagen vieler antiker Völker erzählen vom Ursprung der Welt und von Taten und Leiden der Götter und Menschen. Bei den Griechen bildete sich seit dem 7. Jh. v. Chr. eine andere Denkweise heraus. Sie fragten z. B.: „Aus welchem Stoff ist die Welt entstanden? Wie kann man die in der Natur beobachteten Vorgänge verständlich erklären? Was können meine Sinnesorgane von der Welt erkennen, und wie zuverlässig sind ihre Wahrnehmungen?" Der Athener Sokrates (gest. 399 v. Chr.) fragte: „Wie soll sich ein Mensch seinen Mitmenschen gegenüber verhalten? Gibt es verbindliche Regeln dafür, und kann man sie durch Nachdenken und Diskutieren herausfinden?" *Philosophia* – Liebe zur Weisheit – nannten die Griechen das ständige Fragen, das jede Antwort wieder einer neuen Verstandesprüfung unterzieht.

Lektion 24

Philosophen im Gespräch. Fußbodenmosaik aus Pompeji

Der nüchtern-praktischen Denkweise der meisten Römer lag philosophische Theorie fern, zwei philosophische Richtungen der Griechen fanden jedoch in Rom Interesse: die Lehren der Stoiker und die der Epikureer. Die Stoiker sehen den Menschen als Teil der von den Göttern geschaffenen und sinnvoll geordneten Natur. Durch die Fähigkeit, vernünftig zu denken, hat der Mensch Anteil an der in der Natur wirkenden Weltvernunft (griech. *logos*). Das zeichnet ihn vor allen anderen Lebewesen aus. Pflicht des Menschen ist es, sich von unvernünftigen Begierden und Neigungen (*affectus*) zu befreien und allein die Vernunft (*ratio*) zur Richtschnur seines Handelns zu machen. Sein ständiges Streben nach Vollkommenheit macht ihn geistig unabhängig von allen Schicksalsschlägen: „Stoische Ruhe" macht ihn zu einem wahrhaft freien Menschen.

Epikur (gest. 270 v. Chr. in Athen) lehrte: Der Mensch hat natürliche Anlagen und Triebe, sie sind die Grundlage seines Handelns. Wie alle Lebewesen strebt auch er nach Genuß, Freude und Wohlbefinden (griech.

eudaimonia) und braucht deswegen kein schlechtes Gewissen zu haben. Als Vernunftwesen kann er jedoch falsche und schädliche Begierden (z. B. Streben nach Luxus, Reichtum, Macht) von solchen unterscheiden, die seiner Natur gemäßer sind und deren Erfüllung ihm dauerhaft Freude und Wohlbefinden verschafft. Ein Epikureer wird z. B. Freundschaft im kleinen Kreis von Gleichgesinnten suchen, jedoch nicht in der Öffentlichkeit und in der Politik hervortreten, denn die Vernunft lehrt ihn, daß Mäßigkeit, Freundschaft und ein Leben in der Stille den Menschen glücklicher machen als Macht und Ruhm. Auf seine Weise erstrebt auch der Epikureer Seelenruhe und innere Freiheit.

Lektion 25

Als C. Iulius Caesar 47 v. Chr. die Alleinherrschaft erkämpft hatte, zog sich Cicero aus dem aktiven politischen Leben Roms, in dem er vorher eine große Rolle gespielt hatte, zurück. In seiner 44 v. Chr. veröffentlichten Schrift *de officiis* begründet er seinen Rückzug aus der *vita activa* in die nur dem Zuschauen und Nachdenken gewidmete *vita contemplativa*.

A Erzwungene Muße unter einer Diktatur

Multi homines, cum illam a philosophis promissam animi tranquillitatem expeterent, a negotiis publicis in otium recesserunt. Alii, viri severi et graves, cum populi vel principum mores ferre non potuis-
5 sent, vixerunt otiosi in agris suis re sua familiari delectati. In his cum fuissent homines nobiles summique viri, tamen fructuosiorem[1] generi humano iudicabam vitam illorum, qui curas totas in rem publicam gerendam contulerunt.
Ego quidem quamdiu res publica libera erat, id est quamdiu per
10 eos administrabatur, quibus se ipsa commiserat, omnes meas curas in hanc conferebam, ita ut mihi otium legendi vel scribendi vix esset. Cum autem dominatu unius omnia tenerentur neque esset usquam consilio aut auctoritati locus, cum socios servandae rei publicae omnes amisissem, cum denique res publica nulla esset,
15 ipse me in haec philosophiae studia contuli.
Nihil agere enim animus meus non potuit. Igitur quibus studiis adulescens multum temporis tribueram discendi causā, eis tunc me

1 fructuōsiōrem (Akk. Sg.) f.: fruchtbarer, nützlicher

M. Tullius Cicero

dedi ad angores² molestiasque meas deponendas. His re publica eversa confectus essem, nisi iis restitissem.
20 Ita mihi satis temporis otiique dabatur ea tandem litteris mandandi, quae erant parum nota Romanis et erant cognitione digna. Sed tamen mallem res publica stetisset eodem, quo coeperat, statu neque in hominem evertendarum rerum cupidum incidisset!

2 angor, ōris m.: Angst; Kummer

Konjunktiv Plusquamperfekt		
Aktiv	Passiv	
laudāv-issem	laudātus, a, um	essem
laudāv-issēs		essēs
laudāv-isset		cssct
laudāv-issēmus	laudātī, ae, a	essēmus
laudāv-issētis		essētis
laudāv-issent		essent

Der Konj. Plpf. drückt in vielen Fällen (wie der Indikativ Plpf.) *Vorzeitigkeit* aus.

Cum sociōs servandae reī pūblicae *āmīsissem*, mē ad philosophiae stūdia *contulī*. Als ich meine Bundesgenossen ... *verloren hatte*, *widmete* ich mich ...

Bei der Konjunktion *cum m. Konj.* hat der Konjunktiv nur die Aufgabe, die gedankliche Unterordnung des Gliedsatzes unter den Hauptsatz zu betonen. Der Gliedsatz wird mit dem Indikativ übersetzt.

Zeit	als; nachdem
Grund	da; weil
Einräumung	obwohl; obgleich
Gegensatz	während

Der Konj. Plpf. bezeichnet als *Irrealis* (wie im Deutschen) den nur vorgestellten, nicht wirklich eingetretenen Fall in der Vergangenheit.

Hīs angōribus *cōnfectus essem*, nisī iīs *restitissem*. Dieser Kummer *hätte* mich *umgebracht*, wenn ich ihm nicht Widerstand *geleistet hätte*.

B 1 *Interpretieren Sie den Text* A:

1) *Worin sieht Cicero die eigentliche Aufgabe eines Römers? Gilt das für* alle *Römer?*
2) *Stellen Sie aus den Zeilen 9–15 die für Cicero wichtigen Merkmale einer* res publica *zusammen. Verwenden Sie dazu auch die Kritik Ciceros am Zustand des Staates unter Caesar.*
3) *Interpretieren Sie Zeile 21/22 im Zusammenhang mit dem in Lektion 19, Abschnitt* C *stehenden Text.*

B 2 Philosophen sind nicht unfehlbar

Seneca divitias philosophi comparandas non esse docebat, cum ipse maximas collegisset. Idem gloriam honoresque in foro expetendos non esse censuit, cum ipse sub Nerone[1] principe aliquos annos
5 imperium Romanum administravisset. Quae cum quidam ei obiecissent[2] dixissentque „Aliter[3] loqueris[4], aliter[3] vivis", respondit philosophus „De virtute, non de me loquor[4], et cum vitiis convicium[5] facio, in primis meis facio."

1 Nerō, Nerōnis: Nero (röm. Kaiser 54–68 n. Chr.) 2 obicere (Perf.: obiēcī): vorwerfen 3 aliter (Adv.): anders 4 loquor: ich rede; loqueris: du redest
5 convīcium, ī n.: Tadel

Lektion 25

In welcher Situation könnte man einem Diskussionspartner entgegenhalten:
„Si tacuisses, philosophus mansisses"?

B 3 *Stellen Sie aus Text A alle cum-Sätze zusammen, und geben Sie jeweils die Art der gedanklichen Unterordnung an.*

B 4 *Bestimmen Sie:*

vellem – noluissem – postulem – insignem – effugerem – decem – cladem – cederem – adhiberem – tolerem – tollerem – tulissem – mallem – rationem – novem – patefecissem – caedem – caederem. serviendum – oraculum – nefastum – scelerum – pedum – propitium – studium – rationum – vultum – ominum – ullum – vitium – praemium – quaestorum – evadendum.

B 5 *Übungen zur Wortkunde:*

invidia – invidiosus;   otium – otiosus.

Die an einen Substantivstamm angefügte Endung -ōsus bezeichnet eine Eigenschaft; oft sagt sie auch, daß etwas in großer Zahl und Fülle vorhanden ist.

Erschließen Sie, und geben Sie jeweils die Grundwörter an:

negotiosus – numerosus – odiosus – calamitosus – copiosus – fabulosus – famosus – laboriosus – religiosus – scelerosus – verbosus – pecuniosus – perniciosus – operosus – insidiosus – vitiosus.

B 6 *Stellen Sie alle Ihnen bekannten Wörter aus dem Wortfeld* res publica *zusammen.*

S Marcus Tullius Cicero wurde 106 v. Chr. in Arpinum, einer Kleinstadt in der Nähe Roms, geboren. Sein Vater ließ ihn in Rom in Rechtskunde und Redekunst ausbilden, danach studierte er in Athen und auf Rhodos griechische Philosophie und Rhetorik. Schon früh machte er sich einen Namen als Redner und als Verteidiger vor Gericht, aber auch als Ankläger korrupter Standesgenossen, z.B. des Prätors Verres, der als Statthalter die Provinz Sizilien ausgeplündert hatte. Obwohl die Familie seines Vaters nicht dem Senatsadel (nobilitas) angehörte, durchlief er die römische Ämterlaufbahn bis zum Konsulat; 63 v. Chr. wurde er zum Konsul gewählt. Sein mutiges Eintreten für die republikanische Ordnung und Freiheit brachte ihn in Konflikt mit Politikern wie C. Iulius Caesar, die nach der

Alleinherrschaft strebten. Als er sich nach Caesars Ermordung in leidenschaftlichen Senatsreden für die Wiederherstellung der res publica einsetzte, machte er sich die neuen Machthaber, das Triumvirat des Caesarerben Octavian (später Augustus) mit Antonius und Lepidus, zu Feinden und wurde 43 v.Chr. geächtet und ermordet.

Als Politiker konnte Cicero sich gegen das Machtstreben eines Caesar oder Octavian nicht behaupten. Als Redner und Schriftsteller jedoch überragte er seine Zeitgenossen. In seinem Hauptwerk de re publica entwarf er ein Musterbild des römischen Staates und stellte seine Ideen von Ordnung und Freiheit dem Verfall der alten republikanischen Gesinnungen gegenüber. Groß war seine sprachliche Leistung. Es ist zu einem beträchtlichen Teil sein Verdienst, daß Latein zu einer geschmeidigen, zur Abstraktion fähigen, klaren Sprache wurde, die auch nach dem Untergang des Römischen Reiches die Sprache blieb, in der sich Naturwissenschaftler, Juristen, Philosophen und Theologen über ein Jahrtausend lang in ganz Europa miteinander verständigten. Aber auch die Gedanken der großen griechischen Denker lernte das christliche Westeuropa durch Ciceros Schriften zur Staatslehre, Ethik, Theologie und Rhetorik kennen, lange bevor die Humanisten die griechischen Quellen wiederentdeckten.

Lektion 26

Das, was wir heute als Umweltprobleme, vor allem in den Großstädten kennen, war auch der Antike nicht unbekannt. Viele römische Schriftsteller beklagen Gestank, Staub, Lärm des Straßenverkehrs Tag und Nacht und vor allem die Feuergefahren in der Großstadt Rom. So auch der Dichter *Iuvenalis* (60–127 n. Chr.) in seinen *Saturae*, „Satiren".

A 1 Arme Leute schlafen schlecht in Rom

Antiquis iam temporibus Romani multa de miseriis querebantur, quae iis patiendae erant, qui in urbe Roma versabantur et, cum pauperes essent, in insulis[1] vitam agere cogebantur. „Quem meritoria[2] somnum admittunt?", Iuvenalis poeta in Saturis questus est et: „Magnis opibus dormitur in urbe. Inde caput morbi." Somnum eripiebant incolis non solum transitus raedarum[3] noctu per vias

---

1 īnsula, ae f.: hier: Mietskaserne; Wohnblock   2 meritōria, -ōrum (Pl.) n.: Mietwohnungen   3 raeda, ae f.: Lastwagen

Lektion 26

Modell einer *insula*, einer römischen Mietskaserne

angustas euntium, sed etiam pecorum agmina, quae a servis clamantibus per vicos[4] agebantur. Qui strepitus, ut poeta addit, etiam
10 „Druso[5] vitulisque marinis[6]" somnum eripuisset.

4 vīcus, ī m.: hier: Gasse; Stadtteil 5 Drūsus, ī: Claudius Drusus (röm. Kaiser 41–54 n.Chr. Sein gesunder Schlaf war anscheinend sprichwörtlich)
6 vitulae marīnae: Seekälber (gute Schläfer nach Behauptung der röm. Naturforscher)

A 2 Rom brennt!

Praeter eas molestias alia pericula incolis somnum eripuerunt. De incendiis, quae saepe in urbe fiebant, his versibus recordari videtur poeta: „Vivendum est illic, ubi nulla incendia, nulli nocte metus."
5 Notum est illud incendium, quod Nerone imperatore urbi paene perniciei fuit. Ortum erat in ea urbis parte, quae, cum tabernarum plena esset, flammis satis materiae praebebat. Neque enim igne progrediente domus munimentis[1] saeptae[1] vel templa muris cincta interiacebant[2]. Quamquam ignem clamantibus vigilibus[3] statim missi
10 sunt, qui aquam afferrent, incendium tanta velocitate progressum

est, ut omnia remedia superaret. Iis, qui auxiliari conabantur, impedimento fuerunt angusta itinera huc atque illuc flexa et magnitudo insularum. Erant etiam, qui eo in tumultu domos diriperent. – Sexto demum die finis incendio factus prorutis[4] multis aedificiis,
15 ut violentiae ignis campi vacui et quasi vacuum caelum occurrerent.

1 mūnimentīs saeptae: durch Brandmauern abgetrennt   2 interiacēre: dazwischenliegen   3 vigil, vigilis m.: Wächter (in Rom gab es seit Kaiser Augustus eine aus Sklaven bestehende Feuerwehr, die nachts durch die Gassen patrouillierte.)   4 prōrutus, a, um (PPP zu prōruere): abreißen

---

Verben, die nur passive Formen haben, nennt man Deponentien. Da sie jedoch aktive Tätigkeiten angeben, werden sie aktiv übersetzt.

Rōmānī dē miseriīs *querēbantur*.	Die Römer klagten über das Elend.
Poēta *questus est* ...	Der Dichter klagte ...

Partizip Präsens und nd-Formen der Deponentien haben dieselben Formen und Bedeutungen wie bei aktiven Verben.

Igne *prōgrediente* ...	Während das Feuer vorrückte, ...
Miseriae *patiendae* erant ...	Die Leiden mußten ertragen werden ...

Relativsätze, deren Prädikat im Konjunktiv steht, geben (wie *ut*-Sätze mit Konjunktiv) Folge oder Zweck an.

Erant, quī dīriperent.	..., die (so gemein waren, daß sie) plünderten.
Missī sunt, quī aquam afferrent.	..., damit sie Wasser holten.

Lektion 26

B1 War Nero ein Brandstifter? Juvenal zieht Konsequenzen

Ignis per totam paene urbem progressus sexto tandem die superatus est. Incendio orto itinera angusta auxiliantibus et aquam ferentibus multum obfuerunt. Cum urbs magna ex parte incendio eversa esset,
5 erant, qui dicerent Neronem ipsum id iussisse, ut condendae urbis novae gloriam quaereret. Sed iam Augustus princeps vigiles[1] in urbe disposuerat, qui vigilarent et incendia aliqua in urbis parte orta statim opprimerent. Tamen Iuvenalis poeta diu Romae versatus et multa mala in urbe passus se aliquando pericula molestiasque urbis
10 fugiturum et rure[2] victurum speravit.

1 vigil, vigilis m.: Wächter, Feuerwehrmann   2 rūre (Abl. Sg.): auf dem Land

*B2 adiuvat – auxiliatur;   pater adiuvit – pater auxiliatus est

Schreiben Sie ab und bilden Sie zu diesen Formen von adiuvare *die entsprechenden Formen von* auxiliari:

adiuvaret – mater adiuverat – adiuvandi causa – adiuvabis – adiuvantes – in adiuvando – amici adiuverunt.

Verfahren Sie ebenso bei tolerare *und* pati:

tolerabamus – toleraret – tolerando – milites toleraverunt – tolerans – tolerabit.

B3 *Welche Verben sind Deponentien?*

quaererentur – conditur – vertetur – conatur – versabitur – patiebatur – queretur – augeatur – intermittentium – patentium – patientium – pateam – patiendam – auxiliantur – petebantur.

B4 *Bestimmen Sie:*

voluptate – voluntate – certe – deponente – commode – praecipue – ore – incende – dolente – decere – corde – amore – amare – sorte – cede – opinione – undique – deferente.
animam – secundam – purgaveram – usquam – numquam – coeperam – ultimam – ullam – naturam – absolvam – futuram – victimam – vincam – summam – formam.

Lektion 26

C* Der Reiche im Straßenverkehr

Die Innenstadt Roms war tagsüber Fußgängerzone. Iuvenal klagt über das Gedränge der Leute in den engen Gassen, über die Gefahren und Belästigungen, die von Lastträgern drohen, die sich mit Balken und Fässern auf den Schultern rücksichtslos durch die Menge bewegen. Nur Reiche haben es gut:

> Si vocat officium, turba[1] cedente vehetur[2]
> dives et ingenti curret super[3] ora Liburna[4]
> atque obiter[5] leget aut scribet vel dormiet intus[6].

1 turba, ae f.: Menschenmenge   2 vehī, vehor: hier: getragen werden
3 super (m. Akk.): über   4 Liburna, ae f.: Tragsänfte (geschlossener Kasten)
5 obiter (Adv.): nebenbei   6 intus (Adv.): drinnen

S Die Großstadt Rom.

Für die Römer war Rom *urbs* – „die Stadt" schlechthin. Der *Palatinus mons*, einer der sieben Hügel Roms (neben Kapitol, Aventin, Caelius, Viminal, Esquilin, Quirinal), war schon im 8. Jh. v. Chr. besiedelt, also zu der Zeit, in der Romulus der Sage nach die Stadt gründete. Im Laufe der Jahrhunderte wuchs Rom zu einer Riesenstadt und zählte schon im 1. Jh. v. Chr. mehr als 200 000 Einwohner. Das war damals sehr viel. In der Kaiserzeit stieg die Zahl bis auf etwa eine Million.
Eine Stadtbeschreibung aus dem Jahre 357 n. Chr. spricht von etwa 40000 Mietskasernen *(insulae)* mit bis zu sieben Stockwerken; dort lebte die Masse der Bevölkerung. Ihre Wohnverhältnisse waren sehr beengt und oft primitiv. Wegen Brandgefahr war Kochen in den meisten *insulae* verboten; warme Mahlzeiten nahm man in einfachen Restaurants oder an Straßenständen ein. Trinkwasser mußten sich die Bewohner aus den 1100 öffentlichen Brunnen holen; Toiletten gab es in den Mietswohnungen nicht, man benutzte die zahlreichen öffentlichen Toiletten *(latrinae publicae)*. Ein gut funktionierendes Kanalnetz sorgte für die Beseitigung der Abwässer. Zu Körperpflege, Sport und Erholung konnte jeder die zum Teil prächtigen Badeanstalten *(balneae* – Thermen) besuchen. Das Wasser, bis zu 700 Millionen Liter pro Tag, kam über 14 Wasserleitungen (Aquädukte) aus Bergen und Seen in der Umgebung Roms. Den bescheidenen Wohnungen der ärmeren Bevölkerung standen nach derselben Stadtbeschreibung etwa 1700 komfortable Villen mit eigener Wasserversorgung (gegen Gebühr), Badezimmern, Küchen, ganzen Zimmerfluchten und gepflegten Hausgärten gegenüber.
Das Leben in Rom spielte sich jedoch nicht im Haus, sondern vorwiegend auf den zahlreichen öffentlichen Plätzen, auf Märkten, in Tempelbezirken oder in den Thermen ab. Auch in Theatern, auf der Rennbahn *(circus)* oder in Amphitheatern konnte ein Römer sich aufhalten und sich die Zeit

vertreiben. Für Bau und Erhaltung dieser Anlagen sorgten der Staat und die Kaiser ebenso wie reiche Privatleute mit großzügigen Spenden.
Bereits Augustus rühmte sich, eine Stadt aus Ziegeln vorgefunden zu haben und eine Stadt aus Marmor zu hinterlassen. Auch die Kaiser nach ihm wetteiferten darin, ihren Namen durch großartige Bauten zu verewigen. Die Pracht vieler Gebäude, der Tempel, der Markthallen *(basilicae)*, der großen Parks *(horti)*, der zahlreichen Marmorstandbilder und Brunnen demonstrierten Römern und Fremden die Macht und Bedeutung Roms. Schon zu Augustus' Zeit sprach der Dichter Tibull von der „ewigen Stadt" – *Roma aeterna*.

Lektion 27

A 1 Wie sind Waffen und Krieg in die Welt gekommen?

Quis fuit, horrendos primus qui protulit enses[1]?
 Quam ferus[2] et vere ferreus ille fuit!
Tum caedes hominum generi, tum proelia nata,
 Tum brevior dirae[3] mortis aperta via est.

Sortem generis humani ita miseratus Tibullus[4] poeta de ferrea aetate loqui videtur. Nam antiquissimis temporibus, ut apud poetas veteres legimus, homines aurea aetate viventes tutius vixerunt et feliciores fuerunt quam ii, qui sequentibus saeculis vitam egerunt. Cum enim ferrum ignorarent, armis usi non sunt. Sed pace et benevolentia omnium confisi sine legibus sanctissime fidem rectumque coluerunt. Postea autem gens humana magis magisque a meliore in peiorem statum incidebat, donec ferrea et ultima aetate pessime et miserrime vixit. Tum primum mortales ferrea arma conficere ausi sunt. Cum neque deos neque homines vererentur, fiebat, ut cupiditate auri acerrima ad crudelia bella impellerentur. Impetus rapiendi multo maior fuit pietate atque fide inter homines.

1 ēnsis, ēnsis m.: Schwert   2 ferus, a, um: wild   3 dīrus, a, um: schrecklich   4 Tibullus: Tibull (röm. Dichter, 50–17 v. Chr.)

Lektion 27

Luftaufnahme eines römischen Kastells an dem Grenzwall, den Kaiser Hadrian Anfang des 2. Jahrhunderts n. Chr. in *Britannia* bauen ließ

A 2 Ein Urteil über den römischen Imperialismus

Im 1. Jh. n. Chr. begannen die Römer, Britannien zu unterwerfen. Die Legionen drangen bis zum Schottischen Hochland vor, wo sie die Grenze des Imperiums mit einem von Küste zu Küste gehenden Wall sicherten. Der römische Historiker Tacitus faßt in einer Rede des Anführers der Britannier vor der Entscheidungsschlacht die Gefühle der von Unterwerfung Bedrohten und den Haß gegen die römischen Eroberer und Zerstörer zusammen.

Romani, raptores[1] orbis, postquam cuncta vastantibus defuere terrae, armis confisi mare transeunt. Si dives hostis est, eo cupidiores invadunt, si pauper, cupiditas quidem gloriae impellit. Non satis habent, quod Orientem[2], quod Occidentem[3] vastaverunt. Soli omnium opes inopiamque pari cupiditate expetunt. Auferre, trucidare[4], rapere falsis nominibus imperium, atque ubi solitudinem faciunt, pacem appellant.

1 raptor, ōris m.: Räuber   2 Oriēns, Orientis m.: Orient, „Osten"   3 Occidēns, Occidentis m.: Okzident, „Westen"   4 trucīdāre: abschlachten

Lektion 27

Die Steigerung der Adjektive

Der Komparativ wird nach der kons. Deklination dekliniert:

	m. und f.	n.		m. und f.	n.
Sg.	tūt-ior	tūt-ius	Pl.	tūt-iōrēs	tūt-iōra
	tūtiōris			tūtiōrum	
	tūtiōrī			tūtiōribus	
	tūtiōrem	tūtius		tūtiōrēs	tūtiōra
	tūtiōre			tūtiōribus	

brevis, e: brevior, brevius
ācer, ācris, ācre: ācrior, ācrius

Der Superlativ wird nach der ā- und ō-Deklination dekliniert:
tūt-issimus, a, um – der sicherste; am sichersten
Wenn nicht verglichen wird, auch: sehr sicher; äußerst sicher

Adjektive, die auf -er ausgehen, bilden den Superlativ mit -errimus   miser: mis-errimus

---

Einige Adjektive steigern mit Wechsel des Stammes

z. B. bonus   melior, melius   optimus
      malus   peior, peius   pessimus

Adverbien haben im Komparativ die Form des Neutrums des Adjektivs, im Superlativ die Endung -ē.

tūtē   tūtius   tūtissimē
breviter brevius   brevissimē

Personen oder Sachen, mit denen verglichen wird, stehen mit dem Zusatz *quam* (als) oder im Ablativ ohne Präposition (Ablativus comparationis).

Britannī tūtiōrēs fuērunt *quam cēterī populī*.
Britanni tūtiōrēs fuērunt *cēterīs populīs*.

B 1 *Schreiben Sie ab, füllen Sie dabei die Lücken mit passenden Wörtern aus der unten angegebenen Liste und übersetzen Sie (es bleiben keine Wörter übrig!):*

1. Aurea aetate genus hominum multo ~~~ fuit quam iis, quae secutae sunt, aetatibus.
2. Britanni, cum in ~~~ orbe terrarum viverent, se ~~~ esse putabant ceteris populis.
3. Cum legiones ~~~ animo terras Britanniae vastavissent, dux eorum Romanos ~~~ verbis accusavit.
4. Sed Britanni, quamquam legionibus ~~~ resistebant, proelio victi imperium atque iugum[1] Romanorum accipere coacti sunt.

1 iugum, ī n.: Joch

tutiores – tutius – crudeli – acris – acerrimis – fortissime – extremo.

B 2 *Nennen Sie die Grundformen zu folgenden Steigerungsformen:*

stultiorem – verissime – pessimos – optime – acrior – brevius – beatiorum – densiores – felicissimi – crudeliora – celerrimae – certiores – gravissima.

B 3 *Stellen Sie alle bisher als Vokabeln gelernten* Zahlwörter *zusammen. Unterscheiden Sie dabei nach* Grundzahlen *(eins, zwei ...) und* Ordnungszahlen *(der erste, der zweite ...). Von den Zahlen 1 bis 10 fehlen dann noch:*

die Grundzahlen: quattuor, quīnque, sex, septem, octō;
die Ordnungszahlen: quārtus, quīntus, octāvus, decimus.

Erschließen Sie deren Bedeutung aus sextus *und* Quart, Quinte, Oktave, Dezimalsystem, September, Oktober *(die Römer begannen die Monatszählung mit März). Vervollständigen Sie jetzt die beiden Reihen der Zahlen.*

Ein Lateiner kann auch viele italienische Wörter erschließen. Was heißt: quattro, due, otto, nove, tre, uno, cinque, dieci?
Auch Spanisch ist ihm nicht völlig fremd: cuatro, nueve, tres, dos, diez, uno, ocho.

Wer Französisch kann, setze die entsprechenden Zahlen dazu.

Lektion 27

B 4 Wortfeldübung: Justiz

Wiederholen Sie: accusare – absolvere – culpa – causa – ius – iudex – iustitia – iudicium – iudicare – iurare.

B 5 *Bestimmen Sie:*

secundi – secuti – sequi – sequenti – confisi – loquendi – locuti – fieri – loci – nocti – loqui – ultimi – utendi – uti – ulli – usi – confidendi; ferro – attento – ferendo – fero – ferreo – fio; divitis – divitiis – celeritatis.

C Kann Krieg die Welt heilen?

Stulti ferro sanantur[1] et igni. –
Numquam malum malo neque vulnus curatur vulnere.

1 sānāre: heilen

S Das römische Heer war bis zum 1. Jh. v.Chr. ein Milizheer. Das heißt, im Kriegsfall wurden alle männlichen Bürger zwischen etwa 18 und 45 Jahren zu den Waffen gerufen und nach dem Krieg wieder entlassen. Für seine Ausrüstung, auch für seine Bewaffnung, mußte der Milizsoldat selbst sorgen. Ärmere Bürger dienten deswegen nur als Leichtbewaffnete. Um 100 v.Chr. trat ein Freiwilligenheer an die Stelle der Bürgermiliz. Jetzt kämpften Berufssoldaten für Rom; sie wurden vom Staat ausgerüstet und dienten bis ungefähr zu ihrem 40. Lebensjahr. Dann wurden sie als Veteranen mit ihren Familien in Italien oder in den Provinzen angesiedelt und mit Land versorgt.
Zu Beginn der Kaiserzeit standen 28 Legionen an den Grenzen des Imperium Romanum. Jede *legio* hatte eine Sollstärke von 6000 Mann. Sie gliederte sich in 10 Kohorten, jede Kohorte in 6 Zenturien zu je 100 Soldaten unter dem Kommando eines *centurio*. Die Legionäre waren gut ausgebildet. Sie kämpften in geschlossener Formation (*acies*) mit Wurfspeer (*pilum*), Schwert (*gladius*) und Schild (*scutum*). Feldzeichen (*signa*) dienten der Orientierung und Befehlsübermittlung in der Schlacht. Ein silberner Legionsadler (*aquila*) wurde den Kämpfenden auf einer Stange vorangetragen; ihn an den Feind zu verlieren galt als größte Schande.
Römische Heere überraschten ihre Gegner oft durch schnelles Vorrücken. Marschleistungen von 30 km und mehr am Tag waren nicht selten. Auf den Märschen hatte jeder Soldat 30–40 kg Gepäck zu tragen, nämlich seine Waffen, den mit Leder überzogenen Holzschild, eine Schaufel und einen Holzpfahl zum Bau des Lagers und so viel Verpflegung, daß das Heer auch einmal für einige Tage vom Nachschub abgeschnitten sein konnte.

Zelte für die Übernachtung und schweres Gerät wurden auf Tragtieren oder Karren im Troß (*impedimenta*) mitgeführt. Marschierte man durch feindliches Gebiet, wurde jeden Abend ein durch Wall und Graben befestigtes Lager (*castra*) gebaut. – Reiterei (*equitatus*) spielte im römischen Heer eine geringere Rolle; sie diente zum Schutz der Flanken in der Schlacht und zur Verfolgung geschlagener Feinde.

Römische Legionäre

Lektion 28

A 1 Benedikt[1] gründet ein Kloster

Gregorius papa[2] in vita Sancti Benedicti[1] scripsit Benedictum[1], quamquam familia nobili et divite ortus esset, viginti annos natum ex hominum consuetudine in solitudinem recessisse, ut Christum sequeretur; postea alios quoque iuvenes Benedictum[1] secutos esse.

Qui ex eo quaerentes, quomodo ipsi vitam Deo gratiorem agerent, „Dic nobis, frater," inquiunt, „quae vitae ratio nobis sequenda sit; nam ignoramus, qua lege vivamus, ut gratiam Dei et vitam aeternam adipiscamur. Te duce ad omnia experienda parati erimus."

Tum Benedictus[1] eos ad monasterium condendum hortatus „Si", inquit, „monasterium condiderimus, fratres, vitam communem agemus, ut cottidie orando Deum laudemus cottidieque laborando Deo serviamus. Vobiscum proficiscar, si regulam, quam fratribus dabo, comprobaveritis." Et condidit Benedictus[1] monasterium in monte Casino[1] et dedit illam Regulam, quam monachi ordinis Sancti Benedicti[1] plus mille annos usque ad hunc diem secuti sunt.

1 Benedictus, ī: Benedikt (Der hl. Benedikt von Nursia, 480–547 n.Chr., schuf den Benediktinerorden *Ordo Sancti Benedicti* und gründete 529 n.Chr. das Kloster Montecassino in Unteritalien)   2 Gregorius papa: Papst Gregor (Er war Papst von 590–604 n.Chr.)

Lektion 28

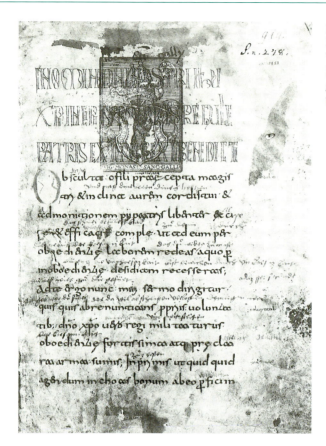

Regula Benedicti, Beginn des Vorworts. Handschrift, geschrieben um 817

A 2 Aus der Regel des hl. Benedikt

„Otiositas[1] inimica est animae. Itaque hac ratione tempora disponimus: Aestate a prima hora usque ad horam paene quartam laborent fratres. Ab hora autem quarta usque ad horam paene sextam lectioni
5 divinae vacent. Post sextam autem surgentes a mensa recreentur in lectis suis cum omni silentio. A nona usque ad vesperum iterum laborent, quod faciendum est.
Hieme autem vacent lectioni aut psalmis[2] usque ad tertiam horam; tum laborent usque ad vesperum. Ante omnia unus aut duo fratres
10 seniores a Priore designentur, qui lectionum horis circumeant monasterium et videant, ne forte inveniantur, qui vacent otio aut fabulis neque solum sibi inutiles sint, sed etiam alios distollant[3]."

1 ōtiōsitās, -tātis f.: Trägheit; Mangel an Beschäftigung   2 psalmus, ī m.: Psalm   3 distollere: ablenken

136

Die abhängige Rede

Wird ein Satz von einem Verb des Sagens und Denkens abhängig gemacht, so wird ein Aussagesatz zu einem AcI:
Gregorius scrīpsit aliōs iuvenēs secūtōs esse.

Ein Gliedsatz kommt immer in den Konjunktiv:
Gregorius scrīpsit Benedictum, quamquam familiā nōbilī ortus esset, ...

Ein Befehlssatz kommt immer in den Konjunktiv:
Benedictus scrīpsit, frātrēs contrā Rēgulam facientēs pūnīrentur.

Die abhängige Frage steht immer im Konjunktiv:
Direkt: „Quae vītae ratiō nōbīs sequenda est?"
Abhängig: *Interrogamus*, quae vītae rātiō nōbīs sequenda *sit*.

Futur II

Sg. laudāv – erō   Pl. laudāv – erimus
    laudāv – eris   laudāv – eritis
    laudāv – erit   laudāv – erint

Das Futur II bezeichnet die *Vorzeitigkeit gegenüber der Zukunft*. Es wird mit dem Präsens oder mit dem Perfekt übersetzt.

Sī rēgulam comprobāveritis, vōbīscum ībō. Wenn ihr die Mönchsregel billigt, werde ich mit euch gehen.

B 1 *Zahlwörter*   decem: zehn – vīgintī: zwanzig – trīgintā: dreißig

Ab 30 werden die vollen Zehner durch die (nicht deklinierte) Endung -gintā bezeichnet. Erschließen Sie:

nōnāgintā, septuāgintā, quādrāgintā, sexāgintā, quīnquāgintā, octōgintā.

Hundert *heißt* centum. *Die Hunderter ab 200 sind Adjektive und werden durch die Endungen* -centī, ae, a *oder* -gentī, ae, a *bezeichnet. Erschließen Sie:*

dūcentī, quādringentae nāvēs, cum quīngentīs mīlitibus, trēcenta aedificia.

Lektion 28

Italienisch: cento, trenta, ottanta, duecento, tremila, venti, cinquanta, cinquecento, sessanta, diecimila.
Spanisch: ciento, veinte, dos mil, trenta y uno, diez.
Wer Französisch kann, setze die entsprechenden Zahlen dazu.

B2 *Auf einem Meilenstein steht:*

Hinc[1] sunt Nuceriam milia LI : Capuam XXCIIII:
      Muranum LXXIIII: Consentiam CXXIII ...

1 hinc: von hier aus
Nuceria, Capua, Muranum, Consentia sind Städte in Unteritalien.

B3 Was Benedikt schrieb:

Benedictus in regula monachorum scripsit fratres tum vere monachos esse, si labore manuum suarum viverent, ut sancti Apostoli[1] fecissent. Eadem in regula scripsit, praeterea conferrent monachi
5 studium in lectionem divinam; si quis inventus esset, qui lectionis horis otio vacaret, primo a fratribus moneretur, deinde, si iterum contra regulam fecisset, a Priore puniretur.

1 Apostolī, ōrum: Apostel (die ersten Jünger Christi)

B4 *Stellen Sie alle Ihnen bekannten Komposita (Verben mit Vorsilbe) zusammen von:* venire – ire – facere – esse.

B5 *Bestimmen Sie:*
fueris – divitis – desinis – conviviis – contentionis – attentis – serviveritis – familiaris – noctis – sordidis – loqueris – celeritatis – his – imposueris – sequeris – favoris – furoris – futuris – dormis – cognitionis – cognoveris – fontis – fis – meritis.

B6 *Die Anfangsbuchstaben aller Konjunktive ergeben aneinandergereiht einen Spruch, der das Leben eines Benediktinermönches charakterisiert:*

luce – oreretur – procul – concurrens – recorderis – adiciant – coniuratis – nimios – edicant – tristem – tribuantur – vales – loquamini – audeant – salubres – bellarem – volves – nisi – intendes – fimus – medio – occurras – iram – focis – dedite – resisteres – digno – auxiliareris – fitis.

C* Einige Inschriften und Sprichwörter

Christliche Grabinschriften aus dem Rheinland:
Hic iacit Fugilo quae vixit annos XL fidelis in pace recessit

iacit = iacet   fidelis: treu; hier: im christlichen Glauben

Si quis dignatur escire meo nome Rusufula dicor qui vixi annis IIII et m(ensibus) XI sociata M(artyribus) S(anctis)

dignatur: „er möchte"   escire = scire   meo nome = meum nomen
qui: muß heißen „quae"   annis ... mensibus: Abl. statt Akk.

Kaiser Trajan zahlt Kindergeld (*aus einer in Oberitalien entdeckten Inschrift*):
Ex indulgentia[1] optimi maximique principis Imp Caes Traiani alimenta[2] accipiant

legitimi[3]	n[4] CCXLV	in singulos[5]	HS[6]	XVI
legitimae[3]	n[4] XXXIV	singulae[5]	HS	XII
spurius[7]	I		HS	CXLIV
spuria[7]	I		HS	CXX

1 indulgentia, ae f.: Gnade   2 alimenta, ōrum (Pl.) n.: Kindergeld   3 legitimus, a: ehelich geboren   4 n(umero): an der Zahl   5 in singulos, singulae: an jeden Jungen/Mädchen (die Zahlung ist monatlich)   6 HS: Sesterzen (röm. Münze)   7 spurius, a: unehelich geboren (die Zahlung an sie ist jährlich)

Sprichwörter und Redensarten zum menschlichen Zusammenleben:
Manus manum lavat[1].
Duobus litigantibus[2] tertius gaudet.
Donec eris felix, multos numerabis[3] amicos.

Muß das immer zutreffen?
Idem velle atque idem nolle, ea demum firma amicitia[4] est.

Für einen Rechtsstaat muß gelten:
Nulla poena[5] sine lege.
In dubio[6] pro reo[7].

Manche zweifeln am Sinn dieser allzu starren Rechtsordnung:
Fiat iustitia, pereat mundus[8]!

1 lavare: waschen   2 litigare: sich streiten   3 numerare: zählen   4 firma amicitia: feste Freundschaft   5 poena, ae f.: Strafe   6 dubius, a, um: zweifelhaft   7 reus, i m.: Angeklagter   8 mundus, i m.: Welt

Lektion 28

Hat Gewalt immer das letzte Wort?
ULTIMA RATIO REGUM schrieben preußische Könige auf ihre Kanonen. Auf welchem Wort liegt wohl die Betonung?

S **Christliche Klöster, antikes Erbe.** Am Ende des 3. Jahrhunderts n. Chr. erfaßte eine starke Bewegung das Christentum: Viele Christen zogen sich als Eremiten (griech. *eremia:* Einsamkeit) aus dem Leben in der Gemeinde in unbewohnte Gegenden zurück, um dort in Armut, Askese und Gebet ein gottgefälliges Leben zu führen. Später fanden sie sich zu kleinen Gemeinschaften gleichgesinnter Mönche (von griech. *monos:* allein) zusammen, die in Klöstern (vgl. lat. *clausus*) ein von der Welt abgeschiedenes Leben führten. Ein solches Kloster gründete Benedikt von Nursia 529, das Kloster Montecassino in Unteritalien. Er gab den Mönchen eine Regel, die ihren Tageslauf streng nach Zeiten für Gebet und Chorgesang, Arbeit auf dem Acker oder in der Werkstatt, Studium der heiligen Schriften und Stunden der Ruhe festlegte. Bei aller Abkehr von der Betriebsamkeit der Welt standen die Klöster in Westeuropa fest in den Traditionen der römisch-lateinischen Kultur. Oft abseits gelegen überstanden sie die Zerstörungen der Eroberungszüge und Kriege des frühen Mittelalters häufig besser als die Dörfer und Städte. Sie bewahrten vieles aus dem reichen Erbe der antiken Kultur; neben der Kenntnis des Lesens und Schreibens und den Wissenschaften gaben sie auch Techniken des Handwerks und des Ackerbaus an die Menschen des Mittelalters weiter.

Die Klöster waren Zentren der christlichen Bildung und Gelehrsamkeit, wichtig auch für die Verbreitung der Heiligen Schrift und theologischer Texte, etwa der Kirchenväter, der christlichen Theologen der ersten Jahrhunderte. Die mit der Hand geschriebenen Bücher wurden sorgfältig abgeschrieben, zumeist in eigens dafür eingerichteten Schreibstuben. Manche dort entstandenen Handschriften sind Kunstwerke der Buchmalerei, kostbar verziert und illustriert. Den Klöstern und ihren Schreibstuben verdanken wir auch die Erhaltung und Überlieferung von Werken antiker Schriftsteller. Denn Kirchenväter wie Augustinus (gest. 429 n. Chr.) hatten gelehrt, daß von der Auseinandersetzung mit den heidnischen Schriften großer Römer, z. B. Ciceros, auch Christen großen Gewinn haben können. Doch wurde in den Klöstern nicht nur Altes erhalten. Es entstanden dort auch Werke über die Geschichte der eigenen Zeit, so die res gestae Saxonicae, die Sachsengeschichte, die der Mönch Widukind gegen 965 n. Chr. im Kloster Corvey an der Weser schrieb. Ohne solche lateinisch geschriebenen Geschichtswerke wüßten wir heute sehr viel weniger über die Geschichte des Mittelalters.

Lektion 28

Nachbildung einer Klosterschreibstube (10.–12. Jh.)

Vokabeln

Lektion 1

īnsula f.	die Insel, eine Insel, Insel
esse – est	sein – er ist, sie ist, es ist
mercātor m.	der Kaufmann, ein Kaufmann, Kaufmann
dominus m.	der Herr, ein Herr, Herr
5 servus m.	der Sklave, der Diener; ein Sklave, ein Diener; Sklave, Diener
domina f.	die Herrin, eine Herrin, Herrin
medicus m.	der Arzt, ein Arzt, Arzt
intrāre	eintreten; betreten
labōrāre	arbeiten
10 nōn	nicht
lūdere	spielen
vocāre	1. rufen 2. nennen
quiv? – quem?	wer? – wen?
vidēre	sehen
15 ancilla f.	die Sklavin, eine Sklavin, Sklavin
timēre	fürchten
morbus	die Krankheit, eine Krankheit, Krankheit
cūrāre	behandeln; pflegen
agricola m. (!)	der Bauer, ein Bauer, Bauer
20 mūrus m.	die Mauer, eine Mauer, Mauer
aedificāre	bauen
labor m.	die Arbeit, die Mühe; eine Arbeit, eine Mühe; Arbeit, Mühe
amāre	lieben, gern haben
quaerere	suchen; fragen (nach)
25 ubī	wo?; wo
ad *(mit Akk.)*	zu; bei
in *(mit Akk.)*	1. in … hinein 2. nach
circā *(mit Akk.)*	um … herum
per *(mit Akk.)*	durch
30 equus m.	das Pferd, ein Pferd, Pferd
aula f.	der Hof, der Innenhof; ein Hof, ein Innenhof; Hof, Innenhof
currere	laufen

Ableitungen in modernen Sprachen

l' île, the merchant, le marchand, *Medizin,* le médecin, entrer, *Vokabel, Video, Kur, Mauer,* le mur, *Labor.*

Lektion 2

bonus, bona	gut
magnus, a	groß, bedeutend
vīlla f.	Haus, Landhaus
parvus, a	klein
5 aegrōtus, a	krank
ōrātor m.	Redner
laudāre 1	loben
et	1. und 2. auch
amīcus m.	Freund
10 sunt	sie sind
hodiē (Adv.)	heute
venīre 3	kommen
etiam	auch; sogar; noch
amīca f.	Freundin
15 invītāre 1	einladen
libenter (Adv.)	gern
salūtāre 1	grüßen; begrüßen
tum (Adv.)	dann, darauf
itaque (Adv.)	daher; deswegen
20 saepe (Adv.)	oft
vīsitāre 1	besuchen
imperātor m.	1. Feldherr 2. Kaiser
multī, multae	viele
portāre 1	tragen
25 via f.	Weg; Straße
victor m.	Sieger
laetus, a	froh; fröhlich
clāmāre 1	rufen; schreien
senātor m.	Senator
30 adesse	da sein; anwesend sein
adsunt	sie sind da; sie sind anwesend
populus m.	Volk
audīre 3	hören

Redewendungen

Iō triumphe!   (etwa:) Hurra! Triumph!

Ableitungen in modernen Sprachen

bon, la ville, l'orateur, l'ami, l'amie, to invite, inviter, saluer, *Visite,* to visit, visiter, the emperor, l'empereur, porter, the victor, the senate, le sénat, *Population,* the people, le peuple.

Lektion 3

nam	denn
patria, ae f.	Vaterland; Heimat
prōvincia, ae f.	Provinz
nāvigāre 1	segeln; fahren (mit dem Schiff)
5 cognōscere 4	1. (er)kennen 2. erfahren
capere 5	1. fassen 2. ergreifen 3. erobern; „kapern"
dīvitiae, dīvitiārum f. *(Pl.)*	Reichtum *(Sg.)*
parāre 1	bereiten; zubereiten
comparāre 1	1. verschaffen 2. erwerben 3. vergleichen
alius, alia	ein anderer, eine andere, *Pl.* andere
10 importāre 1	einführen
incola, ae m. (!) u. f.	Einwohner
vendere 4	verkaufen
placēre 2	gefallen
ita	so
15 interdum *(Adv.)*	manchmal
pīrāta, ae m. (!)	Pirat
sed	aber; sondern
bene *(Adv.)*	gut
cōnsulere *(m. Dat.)* 4	sorgen für (jmdn.)
cōnsulere *(m. Akk.)*	(jmdn.) befragen; (jmdn.) um Rat fragen
20 vigilāre 1	wachen; wachsam sein
opprimere 4	unterdrücken; bekämpfen; überfallen
timor, timōris m.	Furcht
abesse	abwesend sein, fehlen
deus, deī m.	Gott
25 post *(m. Akk.)*	nach
post *(Adv.)*	danach; später
cēterī, cēterae	die übrigen; die anderen
grātia, ae f.	1. Dank 2. Ansehen; Beliebtheit
agere 4	1. treiben; betreiben 2. handeln; verhandeln 3. führen

Redewendungen

grātiās agere   danken

Ableitungen in modernen Sprachen

la patrie, *Provinz,* la Provence, *Navigation,* to navigate, naviguer, connaître, to compare, comparer, *Import,* to please, plaire, bien, le dieu, the grace, la grâce, *agieren,* to act, agir.

Lektion 4

vīta, ae f.	Leben
cum *(m. Abl.)*	mit
iam	schon; jetzt gleich
māne *(Adv.)*	früh am Morgen
5 ē (nur vor Konsonanten), ex *(m. Abl.)*	aus
lectus, ī m.	Bett; Liege
surgere 4	aufstehen
-que *(angehängt)*	und
properāre 1	schnell gehen; sich beeilen
10 in *(m. Abl.)*	in *(wo?)*
pōnere 4	1. setzen 2. stellen 3. legen
colligere 4	sammeln
tertius, a	der dritte
hōra, ae f.	Stunde
15 silva, ae f.	Wald
arbor, arboris f. (!)	Baum
caedere 4	1. fällen 2. töten
sub *(m. Abl.)*	unter *(wo?)*
cōnsīdere 4	sich setzen
20 cibus, ī m.	Speise; Futter
nōnus, a	der neunte
cūnctī, cūnctae	alle
trahere 4	ziehen; schleppen
locus, ī m.	Ort; Stelle; Platz
25 dare 1	geben
circumdare 1	umgeben
tandem *(Adv.)*	endlich
familia, ae f.	Familie; Hausgemeinschaft
līberāre *(m. Abl.)* 1	befreien (von)
convenīre 3	zusammenkommen; sich versammeln
30 cēna, ae f.	Essen; Mahlzeit *(die* cena *am Abend war die Hauptmahlzeit der Römer)*

Redewendungen

aliō locō	an einer anderen Stelle
tertiā hōrā	zur dritten Stunde *(etwa 9 Uhr vormittags)*

Ableitungen in modernen Sprachen

vital, la vie, le lit, *Kollekte, Kollektion,* the hour, l'heure, l'arbre, le lieu, the family, la famille, *Liberalismus,* to liberate, libérer, convenir.

Lektion 5

prīmus, a	der erste
vīcus, ī m.	Dorf
Rōmam	nach Rom
interrogāre 1	fragen
5 salvēre 2	gesund sein
meist im Imperativ:	
salvē! *Pl.:* salvēte!	sei(d) gegrüßt!; guten Tag!
cūr?	warum?
-ne *(angehängte Fragepartikel)*	*(entspricht dem deutschen Fragezeichen)*
campus m.	Feld; freier Platz
Campus Mārtius	das Marsfeld *(Versammlungsplatz in Rom)*
ita *(Adv.)*	1. so 2. ja; richtig *(in einer Antwort)*
10 cōnsul, cōnsulis m.	Konsul
novus, a	neu
creāre 1	1. wählen 2. erschaffen
domī	zu Hause
manēre 2	bleiben
15 quid? *(Nom. und Akk.)*	was?
putāre 1	1. glauben; meinen 2. halten für
num *(Fragepartikel)*	etwa ... ? *(man erwartet die Antwort nein)*
īgnōrāre 1	nicht wissen; nicht kennen
vīcīnus, ī m.	Nachbar; benachbart
20 candidātus, ī m.	Kandidat; Wahlbewerber
aut	oder
autem	jedoch; aber
minimē *(Adv.)*	keineswegs; gar nicht
dīcere 4	sagen
dīc!	sag!
25 optimus, a	der beste; ein sehr guter
respondēre 2	antworten
quidem	jedenfalls; wenigstens
malus, a	schlecht; übel
ōrāre 1	1. reden 2. bitten

Redewendungen

Mārcum cōnsulem creāre	Markus zum Konsul wählen
Mārcum amīcum bonum putāre	Markus für einen guten Freund halten

Ableitungen in modernen Sprachen

Primus, Interrogativpronomen, the camp, le champ, new, nouveau, *kreativ,* to create, créer, *Ignorant,* to ignore, ignorer, *Kandidat, minimal, Diktat,* dire, *optimal, Korrespondenz,* répondre, mal.

Lektion 6

rēs, reī f.	Sache
pūblicus, a	öffentlich
rēs pūblica, reī pūblicae f.	Staat; Republik
rēx, rēgis m.	König
enim *(Adv.)*	nämlich; denn
5 invādere	eindringen; einfallen
socius, ī m.	Bundesgenosse; Verbündeter
diēs, diēī m. (!)	Tag
cūria, ae f.	die Kurie *(Gebäude für Senatsversammlungen)*
salūs, salūtis f.	Rettung; Wohlergehen
10 dēbēre	müssen; schulden
spēs, speī f.	Hoffnung; Erwartung
ante *(m. Akk.)*	vor
ante *(Adv.)*	vorher
ā *(nur vor Konsonanten)*, ab *(m. Abl.)*	von
diū *(Adv.)*	lange
15 homō, hominis m.	Mensch
stāre	stehen
scīre	wissen
fidēs, fideī f.	1. Vertrauen 2. Treue
habēre	haben
20 semper *(Adv.)*	immer
pūgnāre	kämpfen
iubēre *(m. Akk.)*	(jmdm.) befehlen
nunc *(Adv.)*	nun; jetzt
causa, ae f.	1. Grund 2. Ursache 3. Gerichtsverfahren
25 nōn iam	nicht mehr
gaudēre	sich freuen
aliquis, *Akk.* aliquem	jemand; irgendeiner
aliquid	etwas; irgend etwas
Pl. aliquī, aliquae, aliqua (aliquae)	irgendwelche, einige
neque	und nicht; aber nicht; auch nicht
neque ... neque	weder ... noch
pecūnia, ae f.	Geld
30 accipere	annehmen; empfangen
cōnstat *(nur 3. Pers. Sg.)*	es steht fest

Redewendungen

fidem habēre *(m. Dat.)*	(jmdm.) glauben; (jmdm.) vertrauen

Vokabeln zu Lektion 7

Ableitungen in modernen Sprachen

public, publique, the republic, la république, le roi, *Invasion, sozial,* le salut, l'espoir, l'homme, the science, la science, la foi, the cause, la cause, la chose, *konstant.*

Lektion 7

oppidum, ī n.	Stadt; Kleinstadt
forum, ī n.	Marktplatz; Forum
īgnōtus, a, um	unbekannt
cupere	wünschen; wollen
5 aedificium, ī n.	Gebäude
clārus, a, um	hell; berühmt
īre	gehen
templum, ī n.	Tempel
vel	oder; sogar
10 mōnstrāre	zeigen
gaudium, ī n.	Freude
adīre	1. herangehen 2. besuchen 3. bitten
dē *(m. Abl.)*	von; von ... herab; über
spectāre	betrachten
15 nōmen, nōminis n.	Name
opus, operis n.	Werk; Arbeit; Mühe
exīre	herausgehen
inīre	1. betreten; hineingehen 2. beginnen
theātrum, ī n.	Theater
20 appropinquāre	sich nähern
tempus, temporis n.	Zeit
ecce	sieh! da!
tabula, ae f.	Tafel
memoria, ae f.	Gedächtnis; Andenken
25 servāre	1. bewahren 2. retten
fābula, ae f.	Geschichte; Theaterstück
poēta, ae m. (!)	Dichter
antīquus, a, um	alt; „antik"
sōlum *(Adv.)*	allein; nur
30 dēlectāre	erfreuen; Freude machen
licēre *(nur Inf. u. 3. Pers. Sg.)*	erlaubt sein
dēesse	fehlen
domum	nach Hause; heim
abīre	fortgehen

Vokabeln zu Lektion 8

Redewendungen

ecce amīcum	da (ist) der Freund
multa ((Nom. u. Akk. Pl. n.)	viel; vieles
cūncta	alles
Forum Rōmānum	das Forum Romanum *(polit. Zentrum der Stadt Rom)*
nōn ignorare	gut kennen; genau wissen
mihi gaudiō est	es macht mir Freude

Ableitungen in modernen Sprachen

clear, clair, *Monstranz,* montrer, le nom, the theatre, le théâtre, *temporär,* le temps, the table, la table, the memory, la mémoire, la fable, *Poet,* the poet, le poète, antique, *Lizenz.*

Lektion 8

lūdus, ī m.	Spiel *(Pferderennen oder Gladiatorenkampf)*
valdē *(Adv.)*	sehr
amphitheātrum, ī n.	Amphitheater
bēstia, ae f.	Tier; wildes Tier
5 leō, leōnis m.	Löwe
gladiātor, gladiātōris m.	Gladiator
spectātor, spectātōris m.	Zuschauer
vir, virī m.	Mann
pulcher, pulchra, pulchrum	schön
10 arēna, ae f.	Arena; Kampfplatz
clāmor, clāmōris m.	Geschrei; Lärm
sīgnum, ī n.	Zeichen; Feldzeichen *(des römischen Heeres)*
pūgna, ae f.	Kampf
duō, duae, duo *(Nom. Pl.)*	zwei
15 arma, armōrum n. *(nur Pl.)*	Waffen *(nur Pl.)*
gladius, ī m.	Schwert
numerus, ī m.	Zahl
incitāre	antreiben
miser, misera, miserum	elend; arm
20 clēmentia, ae f.	Milde; Gnade
implōrāre	anflehen
mittere	schicken; lassen; freilassen
virtūs, virtūtis f.	Tapferkeit; Tüchtigkeit
porta, ae f.	Tor; Tür
25 carcer, carceris m.	Gefängnis; Käfig
vincere	siegen; besiegen

Vokabeln zu Lektion 9

vulnus, vulneris n.	Wunde
spectāculum, ī n.	Schauspiel
hūmānus, a, um	menschlich
inhūmānus, a, um	unmenschlich
30 glōria, ae f.	Ruhm
petere	1. streben nach; erbitten 2. darauf zugehen

Ableitungen in modernen Sprachen

the beast, the lion, le lion, the spectator, le spectateur, l'arène, the sign, le signe, the army, l'armée, *Nummer,* the number, le nombre, the misery, la misère, *Pforte,* la porte, *Karzer, Kerker,* vaincre, *Spektakel,* the spectacle, *human,* humain, the glory, la gloire.

Lektion 9

Stammformen bereits als Vokabeln gelernter Verben

esse, sum, fuī	sein
cōnsulere, cōnsulō, cōnsuluī	(m. Dat.) sorgen für (jmdn.); (m. Akk.) (jmdn.) befragen; (jmdn.) um Rat fragen
cognōscere, cognōscō, cognōvī	1. erkennen 2. erfahren
pōnere, pōnō, posuī	1. setzen 2. stellen 3. legen
īre, eō, iī	gehen

nōnne *(Fragepartikel)*	etwa nicht? denn nicht?
nūntius, ī m.	1. Meldung 2. Bote
apportāre	(herbei)bringen
certus, a, um	sicher; gewiß
5 terror, terrōris m.	Schrecken
legiō, legiōnis f.	Legion (röm. Heeresabteilung: ca. 6000 Mann)
dēlēre, dēleō, dēlēvī	zerstören; vernichten
paucī, ae, a	wenige
mīles, mīlitis m.	Soldat
10 fuga, ae f.	Flucht
sē *(Akk. u. Abl. Sg. u. Pl.)*	sich
imperium, ī n.	Herrschaft; Reich; Imperium
male *(Adv.)*	schlecht
dēfendere, dēfendō, dēfendī	verteidigen
15 fīnis, fīnis m.	1. Ende 2. Grenze
fīnēs, fīnium *(Pl.)*	Gebiet

Vokabeln zu Lektion 10

	interesse *(Stammf. wie* esse*)*	dabeisein
	interesse *(m. Dat.)*	teilnehmen an
	superāre	1. überwinden 2. übertreffen
	metuere, metuō, metuī	fürchten
	nārrāre	erzählen
20	dux, ducis m.	Führer; Anführer
	nūntiāre	melden
	contrā *(m. Akk.)*	gegen
	contrā *(Adv.)*	dagegen
	coniūrāre	sich verschwören
	statim *(Adv.)*	sofort
25	castra, castrōrum n. *(Pl.)*	Lager *(Sg.)*
	contendere, contendō, contendī	1. sich anstrengen 2. eilen 3. kämpfen
	iter, itineris n.	Weg; Marsch; Reise
	dēnsus, a, um	dicht
	magis *(Adv.)*	mehr
30	quam	1. wie 2. als *(nach Vergleich)*
	subitō *(Adv.)*	plötzlich
	fortiter *(Adv.)*	tapfer
	superesse *(Stammf. wie* esse*)*	übrig sein; überleben
	redīre, redeō, rediī	zurückgehen; zurückkehren

Ableitungen in modernen Sprachen

apportieren, apporter, certain, *Terrorismus,* the terror, la terreur, the legion, la légion, *Imperialismus,* the empire, l'empire, *defensiv,* to defend, défendre, *final,* la fin, the duke, le duc, *Annonce,* to announce, annoncer.

Lektion 10

Stammformen bereits gelernter Verben

cupere, cupiō, cupīvī	wünschen; wollen
petere, petō, petīvī	streben (nach); erbitten; darauf zugehen
respondēre, respondeō, respondī	antworten

	cīvitās, cīvitātis f.	Staat; „Bürgerschaft"
	rēgnāre	regieren
	urbs, urbis *(Gen. Pl.* -ium) f.	Stadt
	lībertās, lībertātis f.	Freiheit
5	cīvis, cīvis *(Gen. Pl.* -ium) m. u. f.	Bürger(in)

Vokabeln zu Lektion 10

hostis, hostis *(Gen. Pl.* -ium) m. u. f.	Feind
augēre	vergrößern; vermehren
honor, honōris m.	1. Ehre 2. Ehrenamt *(z. B. das Konsulat)*
aliquandō *(Adv.)*	einst; einmal; irgendwann
10 cōpia, ae f.	1. Menge 2. Vorrat
cōpiae, cōpiārum	Truppen
sedēre	sitzen
tempestās, tempestātis f.	1. Wetter 2. Unwetter; Gewitter
occultāre	verbergen
deinde	dann; darauf
15 terra, ae f.	1. Land 2. Erde
tacēre	schweigen
iterum *(Adv.)*	wieder; noch einmal
tōtus, a, um	ganz
prope *(m. Akk.)*	nahe (bei)
prope *(Adv.)*	1. in der Nähe 2. fast
20 fīlius, ī m.	Sohn
noster, nostra, nostrum	unser
pater, patris m.	Vater
patres, patrum m.	*(im Pl. oft)* Senatoren
necāre	töten
invidia, ae f.	1. Neid 2. Mißgunst
25 cōntio, cōntiōnis f.	(Volks-)Versammlung
dolor, dolōris m.	Schmerz
cōgitare	denken; nachdenken
apparēre	erscheinen; auftauchen
meus, mea, meum	mein
30 caput, capitis n.	1. Kopf 2. Hauptstadt
orbis, orbis *(Gen. Pl.* -ium) m.	Kreis
lēx, lēgis f.	Gesetz
sacer, sacra, sacrum	heilig; unantastbar

Redewendungen

alius alium interrogat	der *eine* fragt den *anderen*
iterum iterumque	immer wieder
memoriam sacram habēre	die Erinnerung heilig halten
quō ex tempore	seit dieser Zeit

Ableitungen in modernen Sprachen

the city, the citizen, le citoyen, to reign, régner, the suburb, the liberty, la liberté, *Auktion,* the honour, l'honneur, the tempest, la tempête, *Okkultismus, Terrarium, Terrain,* la terre, le fils, le père, *total,* l'envie, la douleur, to appear, apparaître, the chief, le chef, *legal,* la loi, *sakral,* sacré.

Lektion 11

Stammformen bereits gelernter Verben

abesse, absum, āfuī	abwesend sein; fehlen

iuvenis, iuvenis m.	junger Mann *(ca. 20-35 Jahre)*
pila, ae f.	Ball
iactāre	werfen; schleudern
quamquam	obwohl
5 ibi *(Adv.)*	dort
faber, fabrī m.	Handwerker
quod	da; weil
cōnsuētūdō, cōnsuētūdinis f.	Gewohnheit; Gewöhnung
nōnnūllī, ae, a	einige
10 animadvertere, animadvertō, animadvertī	bemerken; aufmerksam werden
plēnus, a, um *(m. Gen.)*	voll (von)
nihil	nichts
exspectāre	erwarten
cum	als (plötzlich)
15 volāre	fliegen
postquam	nachdem
iūdicium, ī n.	1. Gericht 2. Gerichtsverhandlung 3. Urteil
mors, mortis f.	Tod
accūsāre	anklagen
20 tamen *(Adv.)*	dennoch; trotzdem
iūs, iūris n.	Recht
culpa, ae f.	Schuld
sī	wenn
pars, partis *(Gen. Pl.* -ium) f.	1. Teil 2. Richtung 3. Seite
25 perīculum, ī n.	Gefahr
iūdex, iūdicis m.	Richter
pūnīre	bestrafen
an *(Fragepartikel)*	oder etwa?; oder?
nēmō *(Dat.* nēminī, *Akk.* nēminem)	niemand
30 fortūna, ae f.	1. Schicksal 2. Glück
prō *(m. Abl.)*	1. für 2. anstelle von

Redewendungen

et ... et	sowohl ... als auch
pilā ludere	Ball spielen

Vokabeln zu Lektion 12

nihil malī — nichts Böses
prō rē habēre; rērum locō habere — als Sache ansehen

Ableitungen in modernen Sprachen

jeune, *Pille, Fabrik, Plenum, Plenarsaal,* plein, *Nihilismus,* to expect, expecter, la mort, to accuse, accuser, *Jurist,* la part, the judge, le juge, to punish, punir, the fortune, la fortune.

Lektion 12

nātus, a, um	geboren
post (ante) Chrīstum nātum	nach (vor) Christi Geburt
abgekürzt: p. Chr. n. (a. Chr. n.)	
saeculum, ī n.	1. Jahrhundert 2. Zeitalter
ut	wie
colere, colō, coluī	1. verehren 2. *(einen Acker)* bebauen
5 pārēre	gehorchen
negāre	1. sich weigern 2. verneinen 3. sagen, daß nicht
legere	1. lesen 2. sammeln
dūcere	führen
dūc!	führe!
terrēre	in Schrecken versetzen; einschüchtern
10 sacerdōs, sacerdōtis m. u. f.	Priester(in)
religiō, religiōnis f.	1. Religion 2. Gottesfurcht
vidērī	1. scheinen 2. *Passiv zu* vidēre
senex, senis m.	alter Mann *(über 45)* 2. *(Adj.:)* alt
verbum, ī n.	Wort
15 tuus, a, um	dein
nisī	1. wenn nicht 2. außer *(nach Verneinung)*
caelum, ī n.	Himmel
christlich oft: caelī, caelōrum m.	Himmel *(als Sitz Gottes)*
cōgere	1. zwingen 2. versammeln
fīnīre	beenden
20 stultus, a, um	dumm; töricht
vester, vestra, vestrum	euer
īgnōscere, īgnōscō, īgnōvī	verzeihen
mēns, mentis *(Gen. Pl.* -ium) f.	1. Verstand 2. Gesinnung
iūrāre (per)	schwören (bei)

25 nūllus, a, um | kein; keiner
movēre | 1. bewegen 2. beeindrucken
oculus, ī m. | Auge
potest | er (sie, es) kann
aeternus, a, um | ewig

Ableitungen in modernen Sprachen
né, le siècle, *Negation, negativ, Lektüre,* lire, the religion, la religion, *Verb,* le ciel, to finish, *Null,* to move, mouvoir, *Okular,* l'œil, eternal, éternel.

Lektion 13

Stammformen bereits gelernter Verben (Wiederholung und Vervollständigung)

petere, petō, petīvī, petītum | streben nach; erbitten; darauf zugehen
dēfendere, dēfendō, dēfendī, dēfēnsum | verteidigen
dēlēre, dēleō, dēlēvī, dēlētum | zerstören; vernichten
pōnere, pōnō, posuī, positum | setzen; stellen; legen
respondēre, respondeō, respondī, respōnsum | antworten

exercitus, exercitūs m. | Heer
ubī *(m. Ind. Perfekt)* | sobald
metus, ūs m. | Furcht
impetus, ūs m. | Angriff; Ansturm
5 paene *(Adv.)* | fast; beinahe
expūgnāre | erobern
pōns, pontis *(Gen. Pl. -ium)* m. | Brücke
flūmen, flūminis n. | Fluß
iussū *(m. Gen.)* | auf Befehl (von)
10 magistrātus, ūs m. | 1. (hoher) Beamter 2. Behörde
tantus, a, um | so groß
senātus, ūs m. | Senat
obsidēre | belagern
inopia, ae f. | Mangel; Not
15 frūmentum, ī n. | Getreide
vexāre | quälen; plagen
pāx, pācis f. | Friede; Friedensvertrag
parātus, a, um | bereit; entschlossen

Vokabeln zu Lektion 14

    virgō, virginis f.   Mädchen *(ab 12 Jahren; unverheiratet)*
20 obses, obsidis m. *oder* f.   Geisel
    tenēre, teneō, tenuī, tentum   halten; festhalten
    inter *(m. Akk.)*   zwischen; unter *(bei einer Menge)*
    genus, generis n.   1. Art   2. Geschlecht
    clam *(Adv.)*   heimlich
25 tēlum, ī n.   Geschoß; Waffe
    propinquus, a, um   1. benachbart   2. verwandt; der Verwandte
    restituere, restituō, restituī,   wiederherstellen; zurückgeben
       restitūtum
    manus, ūs f. (!)   1. Hand   2. Schar
    sine *(m. Abl.)*   ohne
30 nōn modo...sed etiam   nicht nur...sondern auch
    propter *(m. Akk.)*   wegen
    honōrāre   ehren
    fēmina, ae f.   Frau
    ōrnāre   schmücken; ehren

Ableitungen in modernen Sprachen

exerzieren, le pont, *Magistrat,* the senate, le sénat, le froment, *Vexierbild,* the peace, la paix, the virgin, la vierge, le genre, *manuell, Manufaktur,* la main, honorer, *Feminismus,* la femme.

Lektion 14

Stammformen bereits gelernter Verben

    vincere, vincō, vīcī, victum   siegen; besiegen
    dūcere, dūcō, dūxī, ductum   führen
    iubēre, iubeō, iussī, iussum   befehlen
    venīre, veniō, vēnī, ventum   kommen
    vidēre, videō, vīdī, vīsum   sehen
    invādere, invādō, invāsī,   eindringen; einfallen
       invāsum
    caedere, caedō, cecīdī, caesum   1. fällen   2. töten

    incolere *(Stammf. wie* colere*)*   wohnen; bewohnen
    bellum, ī n.   Krieg
    gerere, gerō, gessī, gestum   1. führen   2. tragen
    pellere, pellō, pepulī, pulsum   1. schlagen   2. vertreiben
5 facere, faciō, fēcī, factum   machen; tun

Vokabeln zu Lektion 14

rapere, rapiō, rapuī, raptum	rauben; reißen
tolerāre	ertragen
addere, addō, addidī, additum	hinzufügen
suus, a, um	sein; ihr *(Sg. u. Pl.!)*
10 puer, puerī m.	Junge
novem *(undeklinierbar)*	neun
annus, ī m.	Jahr
tangere, tangō, tetigī, tāctum	berühren
praeclārus, a, um	hochberühmt
15 animus, ī m.	1. Geist 2. Mut 3. Gesinnung
vertere, vertō, vertī, versum	wenden
reddere, reddō, reddidī, redditum	1. zurückgeben 2. machen zu
vultus, vultūs m.	Gesichtsausdruck; Miene
vīs f. *(Akk.* vim, *Abl.* vī) *Pl.:* vīrēs, vīrium	Kraft; Gewalt
20 vōx, vōcis f.	Stimme
quasi	gleichsam; als ob
alter, altera, alterum	1. der andere 2. der zweite; ein zweiter
audācia, ae f.	Kühnheit, Frechheit
praebēre	geben; zeigen
sē praebēre *(m. Akk.)*	sich erweisen (als); sich zeigen (als)
25 corpus, corporis n.	Körper
cum *(iterativ)*	(jedesmal) wenn
proelium, ī n.	Schlacht; Kampf
committere, committō, commīsī, commissum	1. beginnen 2. begehen 3. anvertrauen
ultimus, a, um	der letzte
30 vitium, ī n.	Fehler; Laster
crūdēlitās, crūdēlitātis f.	Grausamkeit
perfidia, ae f.	Treulosigkeit; Verrat

Redewendungen

et *(am Satzanfang, wenn das Prädikat folgt)*	und tatsächlich; und wirklich
aut ... aut	entweder ... oder
castra movēre	aufbrechen; weitermarschieren
iter facere	marschieren

Ableitungen in modernen Sprachen

Vision, visuell, Geste, Puls, Fakten, faire, the fact, le fait, *Toleranz,* to tolerate, tolérer, *Addition,* to add, *Vers,* rendre, *Vokal,* the voice, la voix, *Alternative,* to alter, l'autre, le corps, *Kommission, Ultimatum,* the vice, the cruelty, la cruauté, la perfidie.

Lektion 15

Stammformen bereits gelernter Verben

dare, dō, dedī, datum	geben
colere, colō, coluī, cultum	1. verehren 2. (*einen Acker*) bebauen
cōgere, cōgō, coēgī, coāctum	1. zwingen 2. versammeln
dīcere, dīcō, dīxī, dictum	sagen

secundus, a, um	der zweite; günstig
tōtus, a, um *(Gen.* tōtīus, *Dat.* tōtī)	ganz
ēgestās, ēgestātis f.	Armut; Not
vīvere, vīvō, vīxī, –	leben
5 afferre, afferō, attulī, allātum	1. herbeibringen 2. melden 3. antun
ūnus, ūna, ūnum *(Gen.* ūnīus, *Dat.* ūnī)	einer
quod *(faktisches quod)*	daß (*im Sinne von:* die Tatsache, daß...)
procul *(Adv.)*	weit; in der Ferne
procul ā *(m. Abl.)*	weit entfernt von
dum	während; solange wie
10 ager, agrī m.	Acker; Feld
posse, possum, potuī	können
cōnferre, cōnferō, contulī, collātum	1. zusammentragen 2. vergleichen
sē cōnferre	sich begeben
domus, domūs f. (!) *(Sonderformen: Abl. Sg.* domo, *Gen. Pl.* domōrum, *Akk. Pl.* domōs)	Haus
relinquere, relinquō, relīquī, relictum	1. verlassen 2. zurücklassen
15 līber, lībera, līberum	frei
extrēmus, a, um	der äußerste
ferre, ferō, tulī, lātum	1. tragen 2. bringen 3. ertragen
auxilium, ī n.	Hilfe
apud *(m. Akk.)*	bei
20 plēbs, plēbis f.	Volk; Volksmasse
modus, ī m.	1. Art und Weise 2. Maß
errāre	1. irren 2. umherirren
ōlim *(Adv.)*	einst (1. früher einmal 2. später einmal)
dēspērāre	verzweifeln
25 tribūnus, ī m.	Tribun *(röm. Beamter)*
tribūnus plēbis	Volkstribun

repūgnāre — Widerstand leisten
dēnique *(Adv.)* — schließlich
medius, a, um — der mittlere; Mittel-
tollere, tollō, sustulī, sublātum — 1. aufheben 2. beseitigen

Redewendungen

eā dē causā; quā dē causā — aus diesem Grunde
verba facere — reden; sprechen
lēgem ferre — ein Gesetz einbringen *(zur Abstimmung)*
mediō in forō — mitten auf dem Marktplatz
ē (dē) mediō tollere — beseitigen; ermorden
sīgna tollere — *(im Heer)* vorrücken; abmarschieren
clāmōrem tollere — ein Geschrei erheben; lärmen

Ableitungen in modernen Sprachen

Sekunde, second, *total,* vivre, un, *Agrarreform, Relikt, Reliquie, liberal,* libre, *extrem, Plebejer, Mode,* la mode, to despair, désespérer, moyen.

Lektion 16

Stammformen bereits gelernter Verben

agere, agō, ēgī, āctum — 1. treiben, betreiben 2. handeln, verhandeln 3. führen

capere, capiō, cēpī, captum — 1. fangen 2. ergreifen 3. erobern, „kapern"

sedēre, sedeō, sēdī, - — sitzen

stāre, stō, stetī, statum — stehen

manēre, maneō, mānsī, mānsum — bleiben

vendere, vendō, vendidī, venditum — verkaufen

coniūrātiō, coniūrātiōnis f. — Verschwörung
dētegere, dētegō, dētēxī, dētēctum — entdecken; aufdecken
Iuppiter, Iovis (Iovī, Iovem, Iove) — Jupiter *(höchster römischer Gott)*
convocāre — zusammenrufen; einberufen
5 ferē *(Adv.)* — etwa; beinahe

Vokabeln zu Lektion 16

quō	wohin?; wohin *(rel.)*
ūsque *(Adv.)*	bis; bis ... zu
quō ūsque?	wie weit?
	wie lange noch?
quamdiū	1. wie lange? 2. solange wie
furor, furōris m.	Wüten; Tollheit
cōnsilium, ī n.	1. Plan 2. Rat 3. Absicht
quandō?	wann?
īnsidiae, ārum f. *(Pl.)*	Falle; Hinterhalt *(Sg.)*
certē *(Adv.)*	gewiß; sicher
cōnscrībere, cōnscrībō, cōnscrīpsī, cōnscrīptum	1. verfassen 2. einschreiben *(in eine Liste)*
dēterrēre	abschrecken
aperīre, aperiō, aperuī, apertum	öffnen; offen darlegen
coniūrātus, ī m.	Verschwörer
dēmōnstrāre	deutlich zeigen
inimīcus, ī m.	Gegner; Feind *(Adj.:* feindlich)
patēre	offenstehen; sichtbar sein
scelus, sceleris n.	Verbrechen
spērāre	hoffen
attentus, a, um	aufmerksam; wachsam
exilium, ī n.	Exil; Verbannung
dēmum *(Adv.)*	endlich
prōmittere, prōmittō, prōmīsī, prōmissum	versprechen
perniciēs, perniciēī f.	Verderben; Untergang
ōrātiō, ōrātiōnis f.	Rede
ēripere, ēripiō, ēripuī, ēreptum	entreißen; befreien
atque	und; und sogar
mōns, montis *(Gen. Pl. -ium)* m.	Berg

Redewendungen

ōrātiōnem habēre	eine Rede halten
patrēs cōnscriptī	meine Herren Senatoren *(Anrede an den Senat)*

Ableitungen in modernen Sprachen

Detektiv, Lügendetektor, le conseil, *Aperitif, Demonstration,* the enemy, l'ennemi, *Patent,* espérer, attentive, attentif, *Exil,* to promise, promettre, the mountain, le mont, la montagne.

Lektion 17

Stammformen bereits gelernter Verben

lūdere, lūdō, lūsī, lūsum	spielen
opprimere, opprimō, oppressī, oppressum	unterdücken; bekämpfen; überfallen
movēre, moveō, mōvī, mōtum	1. bewegen 2. beeindrucken
mittere, mittō, mīsī, missum	schicken; lassen, freilassen

mare, maris n. *(Abl.* marī, *Nom. Pl.* maria, *Gen. Pl.* marium)	Meer
internus, a, um	der innere
mare internum	das Mittelmeer
nāvis, nāvis *(Gen. Pl.* -ium) f.	Schiff
īnfēstus, a, um	bedrohlich; feindlich
5 bellāre	Krieg führen
dīripere *(Stammf. wie* ēripere*)*	plündern
gēns, gentis *(Gen. Pl.* -ium) f.	1. Volksstamm 2. vornehme Familie
miseria, ae f.	Elend
perditus, a, um	vernichtet; verzweifelt
10 prīmō *(Adv.)*	anfangs; zuerst
negōtium, ī n.	Geschäft; Handel
causā *(m. Gen.)*	wegen
lītus, lītoris n.	Küste
portus, ūs m.	Hafen
15 audēre	wagen
praesidium, ī n.	Schutz
classis, classis *(Gen. Pl.* -ium) f.	Flotte
mox *(Adv.)*	bald; sogleich
facultās, facultātis f.	Möglichkeit
20 dēserere, dēserō, dēseruī, dēsertum	verlassen
officium, ī n.	Pflicht; Dienst
intermittere *(Stammf. wie* mittere*)*	einschieben; unterbrechen
monēre	ermahnen
celeritās, celeritātis f.	Schnelligkeit
25 ēvādere, ēvādō, ēvāsī, ēvāsum	entkommen
potestās, potestātis f.	Macht; Gewalt
referre, referō, rettulī, relātum	1. zurückbringen 2. berichten

Vokabeln zu Lektion 18

industria, ae f.	Fleiß; Einsatz
prōvidēre *(Stammf. wie vidēre) (m. Akk.)*	vorhersehen
prōvidēre *(m. Dat.)*	sorgen für
30 cōnficere, cōnficiō, cōnfēcī, cōnfectum	vollenden; erledigen; herstellen

Redewendungen

mare īnfēstum reddere	das Meer unsicher machen
sē in potestātem fidemque dare	sich ergeben
grātiam referre	danken; Dank abstatten
impetum hostium prōvidēre	den Angriff der Feinde vorhersehen
salūtī cīvium prōvidēre	für das Wohl der Bürger sorgen
honōris causā (*heute abgekürzt:* h. c.)	ehrenhalber

Ableitungen in modernen Sprachen

la mer, *intern*, the misery, la misère, le négociant, le port, *Präsident*, the president, le président, *Klasse, Fakultät, Deserteur, Referat, Referent, Industrie, Provision, Konfekt, Konfektion.*

Lektion 18

Stammformen bereits gelernter Verben

cōnsulere, cōnsulō, cōnsuluī, cōnsultum *(m. Dat.)*	sorgen für (jmdn.)
cōnsulere *(m. Akk.)*	(jmdn.) befragen; (jmdn.) um Rat fragen
quaerere, quaerō, quaesīvī, quaesītum	1. suchen 2. fragen (nach)

nōbilis, nōbilis, nōbile	1. berühmt; bekannt 2. adlig
mortālis, e	sterblich; Sterblicher (=Mensch)
immortālis, e	unsterblich
dea, ae f.	Göttin
decem	zehn
5 fortis, e	tapfer; stark
ācer, ācris, ācre	1. scharf 2. schmerzlich 3. heftig
fēlīx, fēlīx, fēlīx *(Gen.* fēlīcis)	glücklich
īnfēlīx *(Gen.* īnfēlīcis)	unglücklich
māter, mātris f.	Mutter

Vokabeln zu Lektion 18

caedēs, caedis *(Gen. Pl. -ium)* f.	Mord; Blutbad
ingēns *(Gen.* ingentis)	ungeheuer; riesig
fugere, fugiō, fūgī, fugitum	fliehen
fugere *(m. Akk.)*	vor jmdm. od. etw. fliehen; vermeiden
effugere *(Stammf. wie* fugere)	entfliehen; entkommen
celer, celeris, celere	schnell
ōmen, ōminis n.	(böses) Vorzeichen
horribilis, e	schrecklich
ōrāculum, ī n.	Orakel *(Weisung eines Gottes)*
fāma, ae f.	Gerücht; Sage
solvere, solvō, solvī, solūtum	1. lösen 2. einlösen
error, errōris m.	1. Irrtum 2. Irrfahrt
dētrīmentum, ī n.	Schaden; Verlust
pervenīre *(Stammf. wie* venīre)	hinkommen; gelangen
rēgīna, ae f.	Königin
benevolentia, ae f.	Wohlwollen
recipere, recipiō, recēpī, receptum	annehmen; aufnehmen
inquit *(in direkter Rede, eingefügt)*	sagt(e) er; sagt(e) sie
Pl.: inquiunt	sagen sie, sagten sie
situs, a, um	gelegen; liegend
expellere *(Stammf. wie* pellere)	vertreiben
hīc *(Adv.)*	hier
condere, condō, condidī, conditum	1. gründen 2. verwahren 3. verstecken
occupāre	1. besetzen 2. überfallen
occupātus, a, um	1. besetzt 2. beschäftigt

Redewendungen

nāvēs solvere	die Anker lichten; lossegeln
tē salvēre iubeō	ich begrüße dich; ich heiße dich willkommen

Ableitungen in modernen Sprachen

nobel, noble, *Mortalität, Dezimalsystem, Matriarchat,* fuir, *ominös,* horrible, the error, l'erreur, *Rezept, Rezeption,* to receive, recevoir, *Okkupator, Okkupation,* to occupate, occuper.

Lektion 19

hūmānitās, hūmānitātis f.	Menschlichkeit; Humanität; Bildung
convīvium, ī n.	Gastmahl
trīstis, e	traurig
interitus, ūs m.	Untergang
5 longus, a, um	lang
amor, amōris m.	Liebe
īnsīgnis, e	hervorragend; ausgezeichnet
incendere, incendō, incendī, incēnsum	entzünden; entflammen
marītus, ī m.	Ehemann; Gatte
10 commovēre *(Stammf. wie movēre)*	(innerlich) bewegen; beeindrucken
pietās, pietātis f.	Frömmigkeit; Pflichtgefühl
ergā *(m. Akk.)*	gegen *(im freundl. Sinne)*; gegenüber
nūmen, nūminis n.	(göttliche) Macht; Gottheit
rēgnum, ī n.	Reich; Herrschaft
15 quīn etiam	ja sogar
trīstitia, ae f.	Trauer; Traurigkeit
omnis, e	ganz; *im Plural:* alle, alles
dēicere, dēiciō, dēiēcī, dēiectum	hinabwerfen
futūrus, a, um	zukünftig
20 īnferus, a, um	der untere
Pl.: īnferī, ōrum m.	die Unterwelt
dēscendere, dēscendō, dēscendī, –	hinabsteigen
anima, ae f.	Seele
praedīcere *(Stammf. wie dīcere)*	vorhersagen; prophezeien
aureus, a, um	golden
25 īnstruere, īnstruō, īnstrūxī, īnstrūctum	1. ausrüsten 2. aufstellen
loca, ōrum n. *(üblicher Pl. zu locus)*	Orte; Gegend; Gelände
invenīre *(Stammf. wie venīre)*	finden
pācāre	1. unterwerfen 2. friedlich machen

Redewendungen

memoriam fugere	dem Gedächtnis entfallen
spē dēicī	in der Hoffnung getäuscht werden
Carthāgine *(Abl.)*	in Karthago; aus Karthago

Vokabeln zu Lektion 20

Ableitungen in modernen Sprachen

Humanität, l'amour, le mari, *Offizier,* the office, l'office, *Pietät,* the reign, le règne, la tristesse, *Futur,* the future, to descend, déscendre, l'âme, l'or, *Instruktion,* to instruct, instruire, to invent, inventer.

Lektion 20

Stammformen bereits gelernter Verben

augēre, augeō, auxī, auctum	vergrößern; vermehren
accipere, accipiō, accēpī, acceptum	annehmen; empfangen

testāmentum, ī n.	Testament
prīvātus, a, um	privat; Privatmann
sumptus, ūs m.	Kosten; Aufwand
ut *(mit Konjunktiv)*	1. damit; daß 2. so daß
5 auctor, auctōris m.	Urheber; Anstifter
cīvīlis, e	bürgerlich; Bürger-
dēsīderium, ī n.	Sehnsucht; Bedürfnis
dictātūra, ae f.	Diktatur
offerre, offerō, obtulī, oblātum	anbieten
10 meritum, ī n.	Verdienst
appellāre	1. anrufen 2. nennen
praeter *(m. Akk.)*	außer
praetereā *(Adv.)*	außerdem
dēferre, dēferō, dētulī, dēlātum	1. hinbringen 2. übertragen
auctōritās, auctōritātis f.	Ansehen; Einfluß
15 prīnceps, prīncipis m.	der erste; Anführer
praestāre, praestō, praestitī,- *(m. Dat.)*	voranstehen; übertreffen
praestāre *(m. Akk.)*	verrichten; zeigen
ēdictum, ī n.	Edikt; Anordnung
vetāre, vetō, vetuī, vetitum	verbieten
nē *(mit Konj.)*	damit nicht; daß nicht
20 odium, ī n.	Haß
fierī, fīō(!), factum est *(die Formen des Präsensstammes fi- haben aktive Endungen)*	1. werden 2. geschehen 3. gemacht werden
claudere, claudō, clausī, clausum	schließen

165

Vokabeln zu Lektion 21

clādēs, clādis *(Gen. Pl.* -ium) f.	Niederlage; Verlust
trēs, trēs, tria *(Gen.* trium, *Dat.* tribus)	drei
25 adeō *(Adv.)*	so sehr; derart
dispōnere *(Stammf. wie* pōnere)	aufstellen; verteilen
Rōmae	in Rom
tumultus, ūs m.	Aufruhr; Tumult
ēdīcere *(Stammf. wie* dīcere)	anordnen
30 nefāstus, a, um	unheilvoll; verboten
commodē *(Adv.)*	angemessen; befriedigend
beātus, a, um	glücklich
lūx, lūcis f.	Licht
advenīre *(Stammf. wie* venīre)	ankommen; kommen
35 perīre *(Stammf. wie* īre)	zugrunde gehen; untergehen

Redewendungen

fit, ut *(m. Konj.)*	es kommt vor, daß; es geschieht, daß
timeō, nē	ich fürchte, daß *(gedacht: „hoffentlich nicht")*
dominī appellātiō	die Anrede „Herr"
sē fortem praestāre	sich tapfer zeigen

Ableitungen in modernen Sprachen

Testament, privat, Autor, zivil, the desire, le désir, *Offerte,* to offer, offrir, *Autorität, Prinz, Veto, Disposition,* to dispose, *Beate, Advent,* l'avenir, to perish.

Lektion 21

Stammformen bereits gelernter Verben

legere, legō, lēgī, lectum	1. lesen 2. sammeln

dīves m. f. n. *(Gen.* dīvitis)	reich
sors, sortis *(Gen. Pl.* -ium) f.	Schicksal; Los
afficere *(m. Abl.) (Stammf. wie* cōnficere)	1. erfüllen (mit) 2. versehen (mit)
prōdere *(Stammf. wie* condere)	1. überliefern 2. verraten
5 intendere, intendō, intendī, intentum	anspannen
fōrma, ae f.	Gestalt; Figur
pulvis, pulveris m. u. f.	Staub

Vokabeln zu Lektion 21

scrībere, scrībō, scrīpsī, scrīptum	schreiben; zeichnen
quīdam, quaedam, quoddam (*Gen.* cuiusdam)	1. jemand 2. irgendein 3. ein
Pl. quīdam, quaedam, quaedam	einige
10 interficere *(Stammf. wie* cōnficere)	töten
dolēre	bedauern; Schmerz empfinden
cūra, ae f.	Sorge; Fürsorge; Pflege
quaestor, quaestōris m.	Quaestor *(röm. Beamter)*
sepulcrum, ī n.	Grab; Grabmal
15 omnīnō *(Adv.)*	ganz und gar; überhaupt
investigāre	erkunden; erforschen; aufspüren
posteā *(Adv.)*	später
aliquot *(undeklinierbar)*	einige
versus, ūs m.	Vers
20 dēclārāre	erklären; deutlich zeigen
summus, a, um	der höchste
tālis, e	solch ein; derartig
undique *(Adv.)*	von allen Seiten; ringsum
multum *(Adv.)*	viel; sehr
25 ēminēre, ēmineō, ēminuī, –	herausragen; hervorragen
pūrgāre	säubern
aditus, ūs m.	Zugang
patefacere *(Stammf. wie* facere) *Passiv:* patefierī, patefīō, patefactum	öffnen; freimachen
accēdere, accēdō, accessī, accessum	herangehen
30 discere, discō, didicī, –	lernen; erfahren
docēre, doceō, docuī, doctum	lehren; belehren

Redewendungen

iniūriā afficī	Unrecht erleiden
animum intendere (in)	sich konzentrieren (auf)
cūram habēre *(m. Dat.)*	Sorge tragen (für); sich kümmern (um)
facultātem dare	die Möglichkeit geben
in summō sepulcrō	an der Spitze des Grabmals; oben auf ...

Ableitungen in modernen Sprachen

Affekt, Intention, to intend, *Form, Pulver,* the powder, la poudre, *Manuskript, Schrift,* écrire, *Kur,* to investigate, *Vers,* to declare, déclarer, *Summe,* the sum, la somme, tel, *Eminenz,* the access, l'accès, *Doktor.*

Lektion 22

praecipuē *(Adv.)*	besonders
adiuvāre, adiuvō, adiūvī, adiūtum *(m. Akk.)*	unterstützen; helfen
fēstus, a, um	festlich; Fest-
propitius, a, um	gnädig; geneigt
5 ēvenīre *(Stammf. wie* venīre)	1. sich ereignen 2. ausgehen; enden
pecus, pecoris n.	Vieh (Schaf; Schwein)
calamitās, calamitātis f.	Unglück; Schaden
ignis, ignis *(Gen. Pl.* -ium) m.	Feuer
focus, ī m.	Herd
10 philosophia, ae f.	Philosophie
dēdere, dēdō, dēdidī, dēditum	1. übergeben 2. *(im Passiv:)* sich widmen
nātūra, ae f.	Natur
philosophus, ī m.	Philosoph
regere, regō, rēxī, rēctum	regieren; lenken
15 attribuere, attribuō, attribuī, attribūtum	zuteilen; zuweisen
cēnsēre, cēnseō, cēnsuī, cēnsum	1. meinen 2. beantragen 3. beschließen
numquam *(Adv.)*	nie(mals)
praemium, ī n.	Belohnung
īra, ae f.	Zorn
20 ūllus, ūlla, ūllum *(Gen.* ūllīus, *Dat.* ūllī)	irgendein
mūnus, mūneris n.	1. Pflicht; Aufgabe 2. Geschenk
decet *(nur 3. Pers. Sg.)*	es gehört sich
quī, qua, quod *(statt* aliquī, aliqua, aliquod *nach* sī, nisī, nē *und* num)	(irgend)ein, (irgend)eine
voluptās, voluptātis f.	Freude; Vergnügen; Lust
25 obesse	hinderlich sein; schaden
maximus, a, um	der größte; am größten; sehr groß
vērus, a, um	wahr; wahrhaft
sententia, ae f.	Meinung; Ausspruch
voluntās, voluntātis f.	Wille; Absicht
30 iūstitia, ae f.	Gerechtigkeit
aestimāre	(hoch)schätzen

Redewendungen

pater familiās *(alter Gen. Sg.)*	Familienvater; Hausherr
philosophiae *(Dat.)* dēditus	der Philosophie ergeben

Vokabeln zu Lektion 23

Ableitungen in modernen Sprachen
Adjutant, la fête, the event, l'évènement, *Kalamität, Fokus, Attribut, Zensur, Prämie, dezent, Maximum, maximal, Sentenz,* la volonté, *Justiz,* to estimate, estimer.

Lektion 23

ille, illa, illud	jener, jene, jenes
concurrere *(Stammf. wie* currere)	zusammenlaufen
multitūdō, multitūdinis f.	Menge; Volksmenge
pēs, pedis m.	Fuß
5 volvere, volvō, volvī, volūtum	wälzen; rollen
remedium, ī n.	Heilmittel; Arznei
poscere, poscō, poposcī, –	fordern; verlangen
somnus, ī m.	Schlaf
spargere, spargō, sparsī, sparsum	streuen; besprengen
10 ōs, ōris n.	1. Mund 2. Gesicht
rīdēre, rīdeō, rīsī, rīsum	lachen
at	jedoch; andererseits
īnstāre, īnstō, īnstitī, –	1. bedrängen; zusetzen 2. bevorstehen
modo *(Adv.)*	1. gerade eben 2. nur
15 vānitās, vānitātis f.	1. Eitelkeit 2. Mißerfolg
suādēre, suādeō, suāsī, suāsum	(zu)raten; empfehlen
addūcere *(Stammf. wie* dūcere)	1. heranführen 2. veranlassen; bewegen
nōndum *(Adv.)*	noch nicht
adhibēre, adhibeō, adhibuī, adhibitum	1. anwenden 2. hinzuziehen
20 salūbris, e	heilsam
fortasse *(Adv.)*	vielleicht
cor, cordis n.	Herz
igitur *(Adv.)*	also; folglich
crēdere, crēdō, crēdidī, crēditum	1. glauben 2. anvertrauen
25 postulāre	fordern
caecus, a, um	blind

Redewendungen

ante pedēs volvī	sich zu Füßen werfen
per somnum	im Traum
modo...modo	bald ... bald
deīs cordī est	es liegt den Göttern am Herzen; die Götter legen Wert darauf

169

Vokabeln zu Lektion 24

imperātor rīdēre, negāre   der Kaiser lachte, weigerte sich
(Infinitiv Präsens als Prädikat statt Vollverb: „historischer Infinitiv")

Ableitungen in modernen Sprachen

Konkurrenz, the multitude, la multitude, *Pedal,* le pied, *Volumen,* the remedy, le sommeil, *oral,* rire, *Instanz,* vain, the vanity, to adhibit, *kordial,* le cœur, *Kredit, das Credo,* croire, *Postulat.*

Lektion 24

Stammformen bereits gelernter Verben

colligere, colligō, collēgī, collēctum	sammeln
trahere, trahō, trāxī, trāctum	ziehen; schleppen
optāre	wünschen
prosperus, a, um	günstig; erwünscht
epistula, ae f.	Brief
dēsinere, dēsinō, dēsiī, –	aufhören; ablassen
5 velle, volō, voluī	wollen
īdem, eadem, idem *(Gen.* eiusdem)	derselbe, dieselbe, dasselbe
hic, haec, hoc	dieser, diese, dieses
impōnere *(Stammf. wie* pōnere)	einsetzen; auferlegen; setzen
vetus m. f. n. *(Gen.* veteris)	alt
10 nōlle, nōlō, nōluī	nicht wollen
-nam *(an Fragewörter angehängt)*	denn; bloß
secundum *(m. Akk.)*	1. entlang 2. gemäß; nach
comprobāre	gutheißen; zustimmen
ratiō, ratiōnis f.	1. Berechnung 2. Vernunft 3. Art und Weise
15 opiniō, opiniōnis f.	Meinung
contentiō, contentiōnis f.	1. Anspannung; Bemühung 2. Streit
invidiōsus, a, um	1. neidisch 2. beneidenswert
rēctus, a, um	richtig
iūdicāre	urteilen; beurteilen
20 sordidus, a, um	schmutzig; gemein
fōns, fontis *(Gen. Pl.* -ium) m.	Quelle
perturbātiō, perturbātiōnis f.	Verwirrung
favor, favōris m.	Gunst; Zuneigung
turba, ae f.	Menge; Schar
25 plūs *(Adv.)*	mehr

Vokabeln zu Lektion 25

nimius, a, um	1. sehr groß 2. zu groß
tranquillitās, tranquillitātis f.	Ruhe; Frieden
servīre	1. dienen 2. Sklave sein
servitūs, servitūtis f.	Knechtschaft; das Sklavendasein
30 pessimus, a, um	der schlechteste; der schlimmste
absolvere *(Stammf. wie solvere)*	1. befreien 2. freisprechen
absolūtus, a, um	vollständig; uneingeschränkt
mōs, mōris m.	Sitte; Brauch
mōrēs, mōrum	*(Pl. meist:)* Charakter
adicere, adiciō, adiēcī, adiectum	hinzufügen
valēre	1. gesund sein; stark sein 2. gelten
valē!	Lebewohl!; Auf Wiedersehen!

Redewendungen

id agere, ut *(m. Konj.)*	sich bemühen; bestrebt sein
multum posse	großen Einfluß haben; eine große Rolle spielen
longē *(Adv.)*	bei weitem
nōlī servīre!	diene nicht! *(verneinter Imperativ)*
secundum flūmen	den Fluß entlang; längs des Flusses

Ableitungen in modernen Sprachen

Kollekte, to collect, *Prosperität,* the prosperity, *Epistel, Identität, imponieren,* to impose, *Veteran, rationell,* the reason, la raison, the opinion, l'opinion, the contention, *richtig, rechts,* right, the fountain, la fontaine, *Favorit, favorisieren, Plural, servieren,* to serve, servir, *Pessimist, absolut, Absolution,* to absolve, *Moral, Adjektiv, Valenz,* valoir.

Lektion 25

cum *(m. Konj.)*	1. als 2. da, weil 3. obgleich 4. während
expetere *(Stammf. wie petere)*	erstreben; anstreben
ōtium, ī n.	freie Zeit; Muße
ōtiōsus, a, um	unbeschäftigt
cēdere, cēdō, cessī, cessum	1. gehen 2. weichen
recēdere *(Stammf. wie cēdere)*	zurückweichen; sich zurückziehen
5 sevērus, a, um	streng; ernst
gravis, e	1. schwer 2. ernst, gewichtig
familiāris, e	1. zur Familie gehörig 2. eng befreundet
administrāre	verwalten; verrichten
ipse, ipsa, ipsum *(Gen.* ipsīus, *Dat.* ipsī*)*	selbst

Vokabeln zu Lektion 25

10 vix *(Adv.)* — kaum
dominātus, dominātūs m. — Herrschaft; Alleinherrschaft
usquam *(Adv.)* — irgendwo
nusquam *(Adv.)* — nirgendwo
āmittere *(Stammf. wie* mittere) — verlieren
studium, ī n. — Bemühung; Studium
15 adulēscēns, adulēscentis m. u. f. — 1. jugendlich 2. junger Mann; junges Mädchen
tribuere, tribuō, tribuī, tribūtum — zuweisen; zuteilen; widmen
tunc *(Adv.)* — dann; damals
molestia, ae f. — Ärger; Kummer; Last
dēpōnere *(Stammf. wie* pōnere) — ablegen
20 ēvertere *(Stammf. wie* vertere) — umstürzen; zerstören
resistere, resistō, restitī, - — 1. sich widersetzen 2. stehenbleiben
satis *(Adv.)* — genug
littera, ae f. — Buchstabe
litterae, ārum — 1. Brief 2. Schrift 3. Wissenschaften
mandāre — anvertrauen; übergeben
25 parum *(Adv.)* — 1. wenig 2. zu wenig
nōtus, a, um — bekannt
cognitiō, cognitiōnis f. — Kenntnis; Kennenlernen
dīgnus, a, um *(m. Abl.)* — wert; würdig (einer Sache)
mālle, mālō, māluī — lieber wollen
(Präs.: mālō, māvīs, māvult, mālumus, māvultis, mālunt. *Stamm der übrigen Tempora:* māl-)
30 coepisse, coepī, coeptum — angefangen haben
(nur Perf. u. Plpf.)
status, statūs m. — Zustand
cupidus, a, um *(m. Gen.)* — begierig (nach)
incidere, incidō, incidī, - — 1. hineinfallen 2. in etw. geraten

Redewendungen

id est *(heute abgekürzt: i. e.)* — das heißt; das bedeutet
rēs familiāris — Vermögen; Besitz
satis ōtiī — genug Muße
parum ōtiī — zu wenig Muße
dīgnus cognitiōne — wert, es kennenzulernen

Ableitungen in modernen Sprachen

Rezession, céder, *Gravitation,* grave, *familiär,* familier, *Etüde,* the study, l'étude, *Adoleszenz, Tribut,* to depose, déposer, *resistent,* résister, la résistance, *Literatur,* the letter, la lettre, la littérature, *Mandat, Mandant,* demander, *Note,* the cognition, digne, *Staat,* the state, l'état.

Lektion 26

Stammformen bereits gelernter Verben
currere, currō, cucurrī, cursum laufen

querī, queror, questus sum	(sich) beklagen
patī, patior, passus sum	leiden; erdulden
versārī, versor, versātus sum	sich aufhalten
pauper m. f. n. *(Gen.* pauperis)	arm
5 admittere *(Stammf. wie* mittere)	zulassen
opēs, opum f. *(Pl.)*	1. Reichtum 2. Macht
dormīre	schlafen
inde *(Adv.)*	von dort; daher
trānsitus, trānsitūs m.	Durchgang; Durchfahrt; Verkehr
10 nox, noctis *(Gen. Pl.* -ium) f.	Nacht
noctū *(Adv.)*	bei Nacht; nachts
angustus, a, um	eng
agmen, agminis n.	Zug; Heereszug
strepitus, strepitūs m.	Lärm
incendium, ī n.	Brand
15 recordārī, recordor, recordātus sum	sich erinnern
orīrī, orior, ortus sum	entstehen; sich erheben
taberna, ae f.	1. Werkstatt 2. Gaststätte
flamma, ae f.	Flamme
māteria, ae f.	Stoff; Materie
20 prōgredī, prōgredior, prōgressus sum	vorrücken; fortschreiten
cingere, cingō, cinxī, cinctum	umgeben; umzingeln
aqua, ae f.	Wasser
vēlōcitās, vēlōcitātis f.	Schnelligkeit
auxiliārī, auxilior, auxiliātus sum	helfen
25 cōnārī, cōnor, cōnātus sum	versuchen
impedīmentum, ī n.	Hindernis
flectere, flectō, flexī, flexum	biegen; beugen
magnitūdō, magnitūdinis f.	Größe
sextus, a, um	der sechste
30 violentia, ae f.	Gewalt
vacuus, a, um	leer; frei (von)
occurrere *(Stammf. wie* currere)	entgegentreten; bekämpfen

Vokabeln zu Lektion 27

Redewendungen

hīc – illīc	hier – dort
hūc – illūc	hierhin – dorthin
Nerōne imperātōre	unter Neros Regierung; zu Neros Zeiten
ignem clāmāre	„Feuer!" rufen; Feueralarm geben
magnā ex parte	zum großen Teil
impedīmentō (*Dat.*) esse	hinderlich sein, behindern

Ableitungen in modernen Sprachen

Querulant, Patient, patient, pauvre, to admit, admettre, dormir, *Transit,* the transit, la nuit, l'incendie, *Rekord,* the record, *original,* the origin, *Taverne,* the tavern, la taverne, the flame, la flamme, *Materie,* the matter, la matière, the progress, le progrès, *Aquarium,* l'eau, *Sexte,* the violence, la violence, *Vakuum.*

Lektion 27

bonus	melior, melius	optimus, a, um	gut – besser – am besten – der beste; sehr gut
malus	peior, peius	pessimus, a, um	schlecht – schlechter – am schlechtesten – der schlechteste sehr schlecht
magnus	maior, maius	maximus, a, um	groß – größer – am größten – der größte; sehr groß
parvus	minor, minus	minimus, a, um	klein – kleiner – am kleinsten – der kleinste; sehr klein

Stammformen von Semideponentien:

audēre, audeō, ausus sum	wagen
cōnfīdere, cōnfīdō, cōnfīsus sum *(m. Abl.)*	vertrauen (auf)

horrēre *(m. Akk.)*	sich entsetzen vor; verabscheuen
prōferre *(Stammf. wie* ferre)	1. vorwärtstragen 2. herbeibringen
ferreus, a, um	eisern
nāscī, nāscor, nātus sum	1. geboren werden 2. entstehen
5 brevis, e	kurz
miserārī, miseror, miserātus sum	beklagen; bejammern
aetās, aetātis f.	1. Lebensalter 2. Zeitalter
loquī, loquor, locūtus sum	sprechen
tūtus, a, um	sicher
10 sequī, sequor, secūtus sum *(m. Akk.)*	(jmdm.) folgen

ferrum, ī n. Eisen
ūtī, ūtor, ūsus sum *(m. Abl.)* *(etwas)* gebrauchen; benutzen
sānctus, a, um heilig; unverletzlich; gewissenhaft
dōnec 1. bis daß 2. solange wie
15 verērī, vereor, veritus sum 1. fürchten 2. sich scheuen
cupiditās, cupiditātis f. Begierde; Trieb
aurum, ī n. Gold
crūdēlis, e grausam
impellere *(Stammf. wie* pellere) treiben; antreiben
20 vāstāre verwüsten
trānsīre *(Stammf. wie* īre) überschreiten; hinüberfahren
eō *(beim Komparativ)* um so; desto
sōlus, a, um *(Gen.* sōlīus, allein; als einziger
  Dat. sōlī)
pār m. f. n. *(Gen.* paris) gleich; gleichwertig
25 auferre, auferō, abstulī, wegtragen; wegschleppen
  ablātum
falsus, a, um falsch
solitūdō, solitūdinis f. Einsamkeit; Einöde

Redewendungen
prīmum *(Adv.)* zuerst; zum erstenmal
multō *(Abl.)* maior viel größer
dēfuēre = dēfuērunt
sīgna prōferre *(militärisch)* vorrücken
magis magisque immer mehr
ferrō ignīque „mit Feuer und Schwert"

Ableitungen in modernen Sprachen
Major, Majorität, Horror, naître, *Brief,* brief, bref, *Kolloquium, Tutor, Sequenz,* suivre, le fer, to use, user, *Sankt, sakrosankt,* the saint, le saint, l'or, cruel, *Impuls, Minorität, Solo,* seul, *paritätisch, Paar,* the pair, la paire, *Ablativ,* false, faux, la solitude.

Lektion 28

vīgintī *(nicht deklinierbar)* zwanzig
quoque *(Adv.)* auch
grātus, a, um 1. angenehm; gefällig 2. dankbar
  ingrātus, a, um   1. unangenehm 2. undankbar
frāter, frātris m. Bruder
5 adipīscī, adipīscor, adeptus erwerben; erlangen
  sum

175

Vokabeln zu Lektion 28

experīrī, experior, expertus sum	versuchen; erproben
monastērium, ī n.	Kloster
hortārī, hortor, hortātus sum	ermahnen; auffordern
commūnis, e	gemeinsam
10 cottīdiē *(Adv.)*	täglich
proficīscī, proficīscor, profectus sum	aufbrechen; vorrücken
rēgula, ae f.	Regel; Richtschnur
monachus, ī m.	Mönch
ōrdō, ōrdinis m.	1. Ordnung 2. Rang; Stand 3. Orden
15 mīlle *(undeklinierbar)*	tausend
Pl. mīlia, mīlium n.	
aestās, aestātis f.	Sommer
lēctiō, lēctiōnis f.	Lesen; Lektüre
dīvīnus, a, um	göttlich; heilig
vacāre *(m. Abl.)*	frei sein von
vacāre *(m. Dat.)*	frei sein für; Zeit haben für
20 mēnsa, ae f.	Tisch; Mahlzeit
recreārī	sich erholen; ausruhen
silentium, ī n.	Schweigen; Ruhe
vesper, vesperī m.	Abend
hiems, hiemis f.	Winter
25 senior, seniōris m. u. f.	älter
(Kompar. zu senex)	
prior, prius	1. der vordere; der frühere 2. der Abt
dēsīgnāre	bezeichnen; ernennen
circumīre *(Stammf. wie* īre)	umhergehen
forte *(Adv.)*	zufällig; etwa
30 ūtilis, e	nützlich
inūtilis, e	unnütz

Redewendungen

vīgintī annōs nātus	zwanzig Jahre alt
ex amīcō quaerere	den Freund fragen
tē dūce	unter deiner Führung
plūs mīlle annōs *(oder:* plūs quam mīlle a.)	mehr als tausend Jahre lang
mīlia *(ergänze:* passuum)	tausend (Schritte) = 1 Meile *(ca. 1,5 km)*

Ableitungen in modernen Sprachen

vingt, *fraternisieren,* le frère, *Münster, Kommunismus,* commun, the rule, la règle, *Mönch,* the order, l'ordre, *Promille, Millennium,* mille, l'été, *Lektion,* the lection, la leçon, *evakuieren, Mensa,* the silence, le silence, *Vesper, Senioren,* sir, le seigneur, *Priorität, designiert,* to design, *Utilitarismus,* utility, utile.

Alphabetisches Verzeichnis der Eigennamen

Der volle Name eines römischen Bürgers hatte gewöhnlich drei Bestandteile: *praenomen* (Vorname), z. B. Marcus oder Lucius, *nomen gentilicium* (Name der *gens*, der Großfamilie), z. B. Iulius oder Cornelius, und *cognomen* (Beiname), z. B. Cicero oder Caesar. Frauen erhielten als Namen meist nur den Namen der *gens* in weiblicher Form, z. B. Iulia, Cornelia.
Männliche Vornamen wurden abgekürzt: C. (Gaius), Cn. (Gnaeus), D. (Decimus), L. (Lucius), M. (Marcus), P. (Publius), Q. (Quintus), T. (Titus), Ti. (Tiberius).

Aegyptus, -i f.	Ägypten
Aeneas, -ae	Äneas; trojanischer Sagenheld; Sohn der → Venus und des → Anchises
Aeneis	Äneis; Epos des römischen Dichters → Vergilius (70–19 v. Chr.), berichtet vom Untergang der Stadt → Troja und den Irrfahrten des → Aeneas bis zu seiner Landung in → Latium
Africa, -ae	Afrika; Erdteil und Name einer römischen Provinz (etwa heutiges Tunesien)
Alexandria, -ae	Alexandria; von Alexander d. Großen gegründete Stadt am Nildelta
Anchises, -is	Anchises; trojanischer Sagenheld; Vater des → Aeneas
Ancus Marcius	Ancus Marcius; vierter der sagenhaften sieben Könige Roms
Apollo, -inis	Apollo; griechischer Gott der Weissagung und der schönen Künste
Archimedes, -is	Archimedes; griechischer Mathematiker und Techniker (287–214 v. Chr.)
Arminius, -i	Arminius; Fürst der germanischen → Cherusker; zeitweilig Offizier in römischen Diensten; besiegte 9 n. Chr. drei römische Legionen unter dem Feldherrn → Varus
Asia, -ae	Asien; Erdteil; Name einer römischen Provinz im Westteil der heutigen Türkei
Augustus, -i	Augustus (63 v. Chr.–14 n. Chr.); Ehrenname des → Octavianus, des Adoptivsohns → Caesars, nachdem er 27 v. Chr. die Alleinherrschaft errungen hatte; s. auch S-Text zu Lektion 20
Basilica Iulia	Basilika Julia; Markthalle auf dem Forum Romanum; unter → Caesar erbaut
Benedictus, -i	Benedikt (480–547 n. Chr.); Gründer des Mönchsordens der Benediktiner und des Klosters Montecassino in Unteritalien; s. auch S-Text zu Lektion 28
Britannia, -ae	Britannien; wurde im 1. Jh. n. Chr. römische Provinz
Britannus, -i	britannisch; Britannier
Caesar, -ris	1. C. Iulius Caesar (100–44 v. Chr.); römischer Staatsmann und Feldherr; eroberte Gallien und herrschte nach einem Bürgerkrieg seit 47 v. Chr. als Diktator in Rom; am 15. März 44 v. Chr. von Anhängern der alten Republik ermordet. – 2. (als Titel:) Kaiser

Alphabetisches Verzeichnis der Eigennamen

Campus Martius	Marsfeld; in alter Zeit ein freier Platz nördlich des → Kapitols außerhalb der Stadtmauer; Versammlungsort und militärischer Übungsplatz der Römer
Capitolium, -i	Kapitol; einer der sieben Hügel Roms mit Tempeln für → Iuppiter, Juno und Minerva
Capua, -ae	Capua; Stadt in Unteritalien
Carthago, -ginis	Karthago; im 8. Jh. v. Chr. von Phöniziern gegründete Handelsstadt in Nordafrika in der Nähe des heutigen Tunis; die Römer führten drei Kriege gegen Karthago bis zur Zerstörung der Stadt um 149 v. Chr.
Casinus Mons	Montecassino; Berg und Benediktinerkloster in Unteritalien
Catilina, -ae m.	L. Sergius Catilina; römischer Senator; versuchte 63 v. Chr. durch eine Adelsverschwörung in Rom an die Macht zu kommen
Cato, Catonis	M. Porcius Cato (234–149 v. Chr.); römischer Staatsmann; Verfechter der strengen alten römischen Sitten
Cherusci, -orum	Cherusker; germanischer Stamm zwischen Weser und Elbe
Christianus, -i	christlich; Christ
Christus, -i	Jesus Christus
Cicero, -onis	M. Tullius Cicero (100–43 v. Chr.); römischer Staatsmann und Schriftsteller; Verfasser zahlreicher Reden und Schriften zur Philosophie und Redekunst; s. auch S-Text zu Lektion 25
Claudia, -ae	Claudia; römischer Frauenname für eine Frau aus dem Geschlecht der Claudier
Cloelia, -ae	Cloelia; zeichnete sich nach römischer Überlieferung als Frau beim Kampf gegen die Etrusker aus
Clusini, -orum	Clusiner; Einwohner der Stadt → Clusium
Clusium, -i	Clusium; etruskische Stadt nördlich von Rom
Concordia, -ae	Concordia; Göttin der Eintracht; hatte einen Tempel auf dem Forum Romanum
Cornelia, -ae	Cornelia; römischer Frauenname für eine Frau aus dem Geschlecht der Cornelier
Consentia, -ae	heute: Cosenza; Stadt in Unteritalien
Dardanus, -i	Dardanus; sagenhafter Urahne der → Trojaner
Dido, Didonis	Dido; sagenhafte Königin von → Carthago
Drusus Claudius	Claudius (10 v. Chr.–54 n. Chr.); römischer Kaiser; sein voller Name: Tiberius Claudius Nero; Sohn des Drusus
Epicurus, -i	Epikur; griechischer Philosoph (342–270 v. Chr.); s. auch S-Text zu Lektion 24
Etruria, -ae	Etrurien; Landschaft nördlich von Rom; heute: Toskana
Etruscus, -i	etruskisch; Etrusker
Flaminius, -i	Flaminius; römischer Staatsmann und Feldherr; fiel 217 v. Chr. in der Schlacht gegen → Hannibal am Trasimenischen See
Fortuna, -ae	Fortuna; Göttin des Glücks und des Zufalls

Alphabetisches Verzeichnis der Eigennamen

Germania, -ae	Germanien
Germanus, -i	germanisch; Germane
Graecia, -ae	Griechenland
Graecus, -i	griechisch; Grieche
Gregorius, -i	Gregor der Große (540–604 n. Chr.); Papst
Hamilcar, -caris	Hamilkar; karthagischer Feldherr; Vater → Hannibals
Hannibal, -lis	Hannibal; karthagischer Feldherr (247–183 v. Chr.); führte von 219–202 v. Chr. Krieg gegen Rom
Herophilus, -i	Herophilus; griechischer Name
Hispania, -ae	Spanien
Hortensius, -i	Hortensius; römischer Geschlechtername; ein Hortensius war 69 v. Chr. Konsul.
Ianus Quirinus	Janus; römischer Gott; der ihm geweihte Torbogen auf dem Forum Romanum wurde nur in Friedenszeiten geschlossen.
Ilia, -ae	Ilia; Frau aus der römischen Sage; Mutter der Zwillinge → Romulus und → Remus; in der Überlieferung auch Rhea Silvia genannt
Italia, -ae	Italien
Iulia, -ae	Julia; römischer Frauenname für Frauen aus dem Geschlecht der Julier
Iulus, -i	Julus; Sagengestalt aus der trojanischen Sage; Sohn des → Aeneas
Iuppiter, Iovis	Jupiter; oberster römischer Gott
Iustinianus, -i	Justinian (482–565 n. Chr.); ließ als Kaiser das römische Recht zusammenfassen und aufschreiben (Codex Iustinianus; Corpus Iuris)
Iuvenalis, -is	Juvenal; römischer Dichter (60–127 n. Chr.); Verfasser von gesellschaftskritischen Satiren in Versen
Lares	Laren; römische Haus- und Feldgötter
Latinus, -i	1. latinisch, Latiner; Einwohner von Latium 2. lateinisch
Latium, -i	Latium; Landschaft südlich von Rom
Livius, -i	Titus Livius; römischer Historiker (59 v. Chr.–17 n. Chr.); schrieb eine römische Geschichte *ab urbe condita* (seit Gründung der Stadt Rom)
Lucilius, -i	Lucilius; Freund und Briefpartner des Philosophen → Seneca
Marcellus, -i	M. Claudius Marcellus; römischer Feldherr; eroberte im Krieg gegen → Hannibal 211 v. Chr. → Syrakus
Mars, Martis	Mars; römischer Kriegsgott
Mercurius, -i	Mercurius; römischer Gott des Handels, der Wege und der Diebe
Metellus, -i	Metellus; römischer Familienname; ein Caecilius Metellus war 69 v. Chr. zusammen mit Q. Hortensius Konsul
Mithridates, -is	Mithridates VI. (132–64 v. Chr.); König von Pontus am Schwarzen Meer; Feind der Römer
Mosella, -ae	Mosel
Muranum, -i	Muranum; Stadt in Unteritalien

Alphabetisches Verzeichnis der Eigennamen

Nero, Neronis	Nero (37–68 n. Chr.); römischer Kaiser; sein Erzieher war → Seneca; Nero ist als grausamer Despot bekannt; unter ihm wurden in Rom zum erstenmal die Christen verfolgt.
Nuceria, -ae	Nuceria; Stadt in Unteritalien
Numa Pompilius	Numa Pompilius; zweiter der sieben sagenhaften Könige Roms
Occidens, -ntis	Okzident; Westen
Octavianus, -i	Oktavian; Großneffe des Diktators → Caesar, von ihm im Testament adoptiert und als Erbe eingesetzt; als Princeps trug er den Ehrennamen → Augustus
Oriens, Orientis	Orient; Osten
Penates, -um	Penaten; römische Gottheiten des Hauses und der Vorratskammer; s. auch S-Text zu Lektion 22
Phrygia, -ae	1. Phrygien: Landschaft in der heutigen Türkei 2. Name einer Sklavin
Poenus, -i	Punier („Phönizier"); römische Bezeichnung für Karthager
Pompeius, -i	Cn. Pompeius Magnus (106–48 v. Chr.); römischer Staatsmann und Feldherr
Porsenna, -ae m.	Porsenna; sagenhafter etruskischer König von → Clusium
Proculus, -i	Proculus Iulius; römischer Senator
Punicus, -i	punisch; römische Bezeichnung für karthagisch
Remus, -i	Remus; Zwillingsbruder des → Romulus; Sohn des → Mars und der → Ilia
Rhenus, -i	Rhein
Roma, -ae	Rom
Romanus, -i	römisch; Römer
Romulus, -i	Romulus; sagenhafter Gründer Roms; Sohn des → Mars und der → Ilia
Saturae, -arum	Satiren; Sammlung von kritischen und spöttischen Gedichten; → Iuvenalis
Schliemann	Heinrich Schliemann (1822–1890); deutscher Archäologe; grub → Troia und andere Stätten der griechischen Frühgeschichte aus
Seneca, -ae	L. Annaeus Seneca (ca. 4 v. Chr.–65 n. Chr.); römischer Schriftsteller und Philosoph
Serapis	Serapis; ägyptischer Gott
Servius Tullius	Servius Tullius; sechster der sieben sagenhaften Könige Roms
Sibylla, -ae	Sibylle; sagenhafte Prophetin in Cumae in Unteritalien
Sicilia, -ae	Sizilien; erste römische Provinz
Sulla, -ae m.	L. Cornelius Sulla (138–78 v. Chr.); römischer Staatsmann und Feldherr
Syracusae, -arum	Syrakus; Stadt in Sizilien
Syrus, -i	Syrus; Name eines Sklaven („der Syrer")
Tacitus, -i	P. Cornelius Tacitus (55–120 n. Chr.); römischer Schriftsteller und Historiker

Alphabetisches Verzeichnis der Eigennamen

Tarquinius, -i	Tarquinius Superbus; letzter der sieben römischen Könige; mit seiner Vertreibung (etwa um 510 v. Chr.) beginnt die römische Republik; s. auch S-Text zu Lektion 10
Theophemus, -i	Theophem; griechischer Name
Thracia, -ae	Thrakien; Landschaft in Nordgriechenland
Thrax, Thracis	1. Thraker; Einwohner von → Thracia. 2. Bezeichnung für einen Gladiatoren; s. auch S-Text zu Lektion 6
Tiberis, -is	Tiber; Fluß, der durch Rom fließt; von den Römern als „Vater Tiber" verehrt
Tiberius, -i	Tiberius; sein voller Name: Ti. Claudius Nero (42 v. Chr.-37 n. Chr.); als Adoptivsohn und Nachfolger des → Augustus römischer Kaiser
Tiberius Gracchus	Ti. Cornelius Gracchus; röm. Staatsmann; ermordet 133 v. Chr.
Tibullus, -i	Tibull; Albius Tibullus (50-19 v. Chr.); römischer Dichter
Titus, -i	Titus; sein voller Name: T. Flavius Vespasianus (39-81 n. Chr.); Sohn und Nachfolger des Kaisers → Vespasianus
Traianus, -i	Trajan; sein voller Name: M. Ulpius Traianus (53-117 n. Chr.); römischer Kaiser
Troia, -ae	Troja; Stadt und Festung an der Nordwestküste der heutigen Türkei; der Kampf um Troja wurde vom griechischen Dichter Homer in der Ilias besungen
Troianus, -i	trojanisch, Trojaner; Einwohner von → Troia
Valeria, -ae	Valeria; römischer Frauenname für eine Frau aus dem Geschlecht der Valerier
Varianus, -i	(Adjektiv:) des → Varus
Varus, -i	P. Quintilius Varus; römischer Feldherr; fiel 9 n. Chr. in der Schlacht gegen → Arminius im Teutoburger Wald (Varusschlacht)
Venus, Veneris f.	Venus; römische Göttin der Liebe
Vergilius, -i	Vergil; sein voller Name: P. Vergilius Maro (70-19 v. Chr.); Dichter des römischen Nationalepos „Äneis"
Vespasianus, -i	Vespasian; sein voller Name: T. Flavius Vespasianus (9-79 n. Chr.); römischer Kaiser
Vesta, -ae	Vesta; römische Göttin des Herdfeuers

Alphabetisches Verzeichnis der Vokabeln

Zahlen nach einem Semikolon geben die Lektion an, in der die Stammformen der Verben aufgeführt sind (Wiederholung und Vervollständigung).

a, ab 6	von
abesse 3; 11	abwesend sein; fehlen
abire 7	fortgehen
absolutus 24	vollständig; uneingeschränkt
absolvere 24	1. befreien 2. freisprechen
accedere 21	herangehen
accipere 6; 20	annehmen; empfangen
accusare 11	anklagen
acer 18	1. scharf 2. schmerzlich 3. heftig
ad 1	zu; bei
addere 14	hinzufügen
adducere 23	1. heranführen 2. veranlassen; bewegen
adeo 20	so sehr; derart
adesse 2	dasein; anwesend sein
adhibere 23	1. anwenden 2. hinzuziehen
adicere 24	hinzufügen
adipisci 28	erwerben; erlangen
adire 7	1. herangehen 2. besuchen 3. bitten
aditus 21	Zugang
adiuvare 22	unterstützen; helfen
administrare 25	verwalten; verrichten
admittere 26	zulassen
adulescens 25	1. jugendlich 2. junger Mann; junges Mädchen
advenire 20	ankommen; kommen
aedificare 1	bauen
aedificium 7	Gebäude
aegrotus 2	krank
aestas 28	Sommer
aestimare 22	schätzen; hochschätzen
aetas 27	1. Lebensalter 2. Zeitalter
aeternus 12	ewig
afferre 15	1. herbeibringen 2. melden 3. antun
afficere 21	1. erfüllen (mit) 2. versehen (mit)
ager 15	Acker; Feld
agere 3; 16	1. treiben; betreiben 2. handeln; verhandeln 3. führen
agmen 26	Zug; Heereszug
agricola 1	Bauer
aliquando 10	einst; einmal; irgendwann
aliquis 6	jemand; irgendeiner
aliquot 21	einige
alius 3	ein anderer, (Pl.) andere
alter 14	1. der andere 2. der zweite
amare 1	lieben; gern haben
amica 2	Freundin
amicus 2	Freund
amittere 25	verlieren
amor 19	Liebe
amphitheatrum 8	Amphitheater
an 11	oder etwa?; oder?
ancilla 1	Sklavin
angustus 26	eng
anima 19	Seele
animadvertere 11; 16	bemerken; aufmerksam werden
animus 14	1. Geist 2. Mut 3. Gesinnung
annus 14	Jahr
ante 6	vor; vorher
antiquus 7	alt; „antik"
aperire 16	öffnen; offen darlegen
apparere 10	erscheinen; auftauchen
appellare 20	1. anrufen 2. nennen
apportare 9	(herbei)bringen
appropinquare 7	sich nähern
apud 15	bei
aqua 26	Wasser

Alphabetisches Verzeichnis der Vokabeln

arbor 4	Baum	cedere 25	1. gehen 2. weichen
arena 8	Arena; Kampfplatz	celer 18	schnell
arma 8	Waffen	celeritas 17	Schnelligkeit
at 23	jedoch; andererseits	cena 4	Essen; Mahlzeit
atque 16	und; und sogar	censere 22	1. meinen 2. beantra-
attentus 16	aufmerksam; wachsam		gen 3. beschließen
attribuere 22	zuteilen; zuweisen	certe 16	gewiß; sicher
auctor 20	Urheber; Anstifter	certus 9	sicher; gewiß
auctoritas 20	Ansehen; Einfluß	ceteri 3	die übrigen; die anderen
audacia 14	Kühnheit; Frechheit	cibus 4	Speise; Futter
audere 17; 27	wagen	cingere 26	umgeben; umzingeln
audire 2	hören	circa 1	um…herum
auferre 27	wegtragen; wegschleppen	circumdare 4	umgeben
augere 10; 20	vergrößern; vermehren	circumire 28	umhergehen
aula 1	Hof; Innenhof	civilis 20	bürgerlich; Bürger-
aureus 19	golden	civis 10	Bürger
aurum 27	Gold	civitas 10	Staat; „Bürgerschaft"
aut 5	oder	clades 20	Niederlage; Verlust
aut…aut 14	entweder…oder	clam 13	heimlich
autem 5	jedoch; aber	clamare 2	rufen; schreien
auxiliari 26	helfen	clamor 8	Geschrei; Lärm
auxilium 15	Hilfe	clarus 7	hell; berühmt
		classis 17	Flotte
beatus 20	glücklich	claudere 20	schließen
bellare 17	Krieg führen	clementia 8	Milde; Gnade
bellum 14	Krieg	coepisse 25	angefangen haben
bene 3	gut	cogere 12; 15	1. zwingen
benevolentia 18	Wohlwollen		2. versammeln
		cogitare 10	denken; nachdenken
bestia 8	Tier; wildes Tier	cognitio 25	Kenntnis; Kennenlernen
bonus 2	gut	cognoscere 3; 9	1. (er)kennen
brevis 27	kurz		2. erfahren
		colere 12; 15	1. verehren
caecus 23	blind		2. (einen Acker) bebauen
caedere 4; 14	1. fällen 2. töten	colligere 4; 24	sammeln
caedes 18	Mord; Blutbad	committere 14	1. beginnen 2. be-
caelum 12	Himmel		gehen 3. anvertrauen
calamitas 22	Unglück; Schaden	commode 20	angemessen; befriedi-
campus 5	Feld; freier Platz		gend
candidatus 5	Kandidat; Wahlbewerber	commovere 19	(innerlich) bewegen; beeindrucken
capere 3; 16	1. fassen 2. ergreifen 3. erobern	communis 28	gemeinsam
caput 10	1. Kopf 2. Hauptstadt	comparare 3	1. verschaffen 2. erwerben 3. vergleichen
carcer 8	Gefängnis; Käfig		
castra 9	Lager	comprobare 24	gutheißen; zustimmen
causa *(m. Gen.)* 17	wegen	conari 26	versuchen
		concurrere 23	zusammenlaufen
causa 6	1. Grund 2. Ursache 3. Gerichtsverfahren	condere 18	1. gründen 2. verwahren 3. verstecken

183

Alphabetisches Verzeichnis der Vokabeln

conferre 15	1. zusammentragen 2. vergleichen	cuncti 4	alle
conficere 17	vollenden; erledigen; herstellen	cupere 7; 10	wünschen; wollen
		cupiditas 27	Begierde; Trieb
confidere 27	vertrauen	cupidus 25	begierig
coniurare 9	sich verschwören	cur? 5	warum?
coniuratio 16	Verschwörung	cura 21	Sorge; Fürsorge; Pflege
coniuratus 16	Verschwörer	curare 1	behandeln; pflegen
conscribere 16	1. verfassen 2. einschreiben	curia 6	Kurie
		currere 1; 26	laufen
considere 4	sich setzen	dare 4; 15	geben
consilium 16	1. Plan 2. Rat 3. Absicht	de 7	von; von ... herab; über
		dea 18	Göttin
constat 6	es steht fest	debere 6	müssen; schulden
consuetudo 11	Gewohnheit; Gewöhnung	decem 18	zehn
		decet 22	es gehört sich
consul 5	Konsul	declarare 21	erklären; deutlich zeigen
consulere m. Akk. 3; 9; 18	jmdn. um Rat fragen	dedere 22	1. übergeben 2. (*im Pass.*:) sich widmen
consulere m. Dat. 3; 9; 18	sorgen für jmdn.	defendere 9; 13	verteidigen
		deferre 20	1. hinbringen 2. übertragen
contendere 9	1. sich anstrengen 2. eilen 3. kämpfen	deicere 19	hinabwerfen
		deinde 10	dann; darauf
contentio 24	1. Anspannung; Bemühung 2. Streit	delectare 7	erfreuen; Freude machen
		delere 9; 13	zerstören; vernichten
contio 10	(Volks)versammlung	demonstrare 16	deutlich zeigen
contra 9	gegen; dagegen		
convenire 4	zusammenkommen; sich versammeln	demum 16	endlich
		denique 15	schließlich
convivium 19	Gastmahl	densus 9	dicht
convocare 16	zusammenrufen; einberufen	deponere 25	ablegen
copia 10	1. Menge 2. Vorrat	descendere 19	hinabsteigen
copiae 10	Truppen	deserere 17	verlassen
cor 23	Herz	desiderium 20	Sehnsucht; Bedürfnis
corpus 14	Körper	designare 28	bezeichnen; ernennen
cottidie 28	täglich	desinere 24	aufhören; ablassen
creare 5	1. wählen 2. erschaffen	desperare 15	verzweifeln
credere 23	1. glauben 2. anvertrauen	detegere 16	entdecken; aufdecken
crudelis 27	grausam	deterrere 16	abschrecken
crudelitas 14	Grausamkeit	detrimentum 18	Schaden; Verlust
culpa 11	Schuld		
cum (*m. Konj.*) 25	1. als 2. da; weil 3. obgleich 4. während	deus 3	Gott
		dicere 5; 15	sagen
cum (*inv.*) 11	als (plötzlich)	dictatura 20	Diktatur
cum (*m. Abl.*) 4	mit	dies 6	Tag
cum (*iterativ.*) 14	(jedesmal) wenn	dignus 25	wert; würdig
		diripere 17	plündern

Alphabetisches Verzeichnis der Vokabeln

discere 21	lernen; erfahren	exilium 16	Exil; Verbannung
disponere 20	aufstellen; verteilen	exire 7	herausgehen
diu 6	lange	expellere 18	vertreiben
dives 21	reich	experiri 28	versuchen; erproben
divinus 28	göttlich; heilig	expetere 25	erstreben; anstreben
divitiae 3	Reichtum	expugnare 13	erobern
docere 21	lehren; belehren	exspectare 11	erwarten
dolere 21	bedauern; Schmerz empfinden	extremus 15	der äußerste
dolor 10	Schmerz	faber 11	Handwerker
domi 5	zu Hause	fabula 7	Geschichte; Theaterstück
domina 1	Herrin	facere 14	machen; tun
dominatus 25	Herrschaft; Alleinherrschaft	facultas 17	Möglichkeit
		falsus 27	falsch
dominus 1	Herr	fama 18	Gerücht; Sage
domum 7	nach Hause; heim	familia 4	Familie; Hausgemeinschaft
domus 15	Haus		
donec 27	1. bis daß 2. solange wie	familiaris 25	1. zur Familie gehörig 2. eng befreundet
dormire 26	schlafen	favor 24	Gunst; Zuneigung
ducere 12; 14	führen	felix 18	glücklich
dum 15	während; solange wie	femina 13	Frau
duo 8	zwei	fere 16	etwa; beinahe
dux 9	Führer; Anführer	ferre 15	1. tragen 2. bringen 3. ertragen
e, ex 4	aus	ferreus 27	eisern
ecce 7	sieh! da!	ferrum 27	Eisen
edicere 20	anordnen	festus 22	festlich; Fest-
edictum 20	Edikt; Anordnung	fides 6	1. Vertrauen 2. Treue
effugere 18	entfliehen; entkommen	fieri 20	1. werden 2. geschehen 3. gemacht werden
egestas 15	Armut; Not		
eminere 21	herausragen; hervorragen	filius 10	Sohn
enim 6	nämlich; denn	finire 12	beenden
eo 27	um so; desto	fines 9	Gebiet
epistula 24	Brief	finis 9	1. Ende 2. Grenze
equus 1	Pferd	flamma 26	Flamme
erga 19	gegen; gegenüber	flectere 26	biegen; beugen
eripere 16	entreißen; befreien	flumen 13	Fluß
errare 15	1. irren 2. umherirren	focus 22	Herd
error 18	1. Irrtum 2. Irrfahrt	fons 24	Quelle
esse 1; 9	sein	forma 21	Gestalt; Figur
est 1	ist	fortasse 23	vielleicht
et 2	1. und 2. auch	forte 28	zufällig; etwa
etiam 2	auch; sogar; noch	fortis 18	tapfer; stark
evadere 17	entkommen	fortiter 9	tapfer
evenire 22	1. sich ereignen 2. ausgehen; enden	fortuna 11	1. Schicksal 2. Glück
		forum 7	Marktplatz; Forum
evertere 25	umstürzen; zerstören	frater 28	Bruder
exercitus 13	Heer	frumentum 13	Getreide

185

Alphabetisches Verzeichnis der Vokabeln

fuga 9	Flucht	ille 23	jener
fugere 18	1. fliehen 2. (*m. Akk.*) vermeiden	immortalis 18	unsterblich
furor 16	Wüten; Tollheit	impedimentum 26	Hindernis
futurus 19	zukünftig	impellere 27	treiben; antreiben
		imperator 2	1. Feldherr 2. Kaiser
gaudere 6	sich freuen	imperium 9	Herrschaft; Reich; Imperium
gaudium 7	Freude		
gens 17	1. Volksstamm 2. vornehme Familie	impetus 13	Angriff; Ansturm
		implorare 8	anflehen
genus 13	1. Art 2. Geschlecht	imponere 24	einsetzen; auferlegen; setzen
gerere 14	1. führen 2. tragen		
gladiator 8	Gladiator	importare 3	einführen
gladius 8	Schwert	in (*m. Akk.*) 1	1. in...hinein 2. nach
gloria 8	Ruhm	in (*m. Abl.*) 4	in (*wo?*)
gratia 3	1. Dank 2. Ansehen; Beliebtheit	incendere 19	entzünden; entflammen
		incendium 26	Brand
gratus 28	1. angenehm; gefällig 2. dankbar	incidere 25	1. hineinfallen 2. in etwas geraten
gravis 25	1. schwer 2. ernst; gewichtig	incitare 8	antreiben
		incola 3	Einwohner
		incolere 14	wohnen; bewohnen
habere 6	haben	inde 26	von dort; daher
hic 24	dieser	industria 17	Fleiß; Einsatz
hic (*Adv.*) 18	hier	infelix 18	unglücklich
hiems 28	Winter	inferi 19	die Unterwelt
hodie 2	heute	inferus 19	der untere
homo 6	Mensch	infestus 17	bedrohlich; feindlich
honor 10	1. Ehre 2. Ehrenamt	ingens 18	ungeheuer; riesig
honorare 13	ehren	ingratus 28	1. unangenehm 2. undankbar
hora 4	Stunde		
horrere 27	sich entsetzen vor; verabscheuen	inhumanus 8	unmenschlich
		inimicus 16	Gegner; Feind; feindlich
horribilis 18	schrecklich	inire 7	1. betreten; hineingehen 2. beginnen
hortari 28	ermahnen; auffordern		
hostis 10	Feind	inopia 13	Mangel; Not
humanitas 19	Menschlichkeit; Humanität; Bildung	inquit 18	sagt(e) er
		insidiae 16	Falle; Hinterhalt
humanus 8	menschlich	insignis 19	hervorragend; ausgezeichnet
iactare 11	werfen; schleudern		
iam 4	schon; jetzt gleich	instare 23	1. bedrängen; zusetzen 2. bevorstehen
ibi 11	dort		
idem 24	derselbe	instruere 19	1. ausrüsten 2. aufstellen
igitur 23	also; folglich	insula 1	Insel
ignis 22	Feuer	intendere 21	anspannen
ignorare 5	nicht wissen; nicht kennen	inter 13	zwischen; unter
		interdum 3	manchmal
ignoscere 12	verzeihen	interesse 9	dabeisein; teilnehmen an
ignotus 7	unbekannt	interficere 21	töten

Alphabetisches Verzeichnis der Vokabeln

interitus 19	Untergang	licere 7	erlaubt sein
intermittere 17	einschieben; unterbrechen	littera 25	Buchstabe
		litterae 25	1. Brief 2. Schrift 3. Wissenschaften
internus 17	der innere		
interrogare 5	fragen	litus 17	Küste
intrare 1	eintreten; betreten	loca 19	Orte; Gegend; Gelände
inutilis 28	unnütz	locus 4	Ort; Stelle; Platz
invadere 6; 14	eindringen; einfallen	longus 19	lang
invenire 19	finden	loqui 27	sprechen
investigare 21	erkunden; erforschen; aufspüren	ludere 1; 17	spielen
		ludus 8	Spiel
invidia 10	1. Neid 2. Mißgunst	lux 20	Licht
invidiosus 24	1. neidisch 2. beneidenswert	magis 9	mehr
invitare 2	einladen	magistratus 13	1. Beamter 2. Behörde
ipse 25	selbst		
ira 22	Zorn	magnitudo 26	Größe
ire 7; 9	gehen	magnus 2	groß; bedeutend
is 15	er; dieser	maior 27	größer
ita 3	so	male 9	schlecht
ita 5	1. so 2. ja	malle 25	lieber wollen
itaque 2	daher; deswegen	malus 5	schlecht; übel
iter 9	Weg; Marsch; Reise	mandare 25	anvertrauen; übergeben
iterum 10	wieder; noch einmal	mane 4	früh am Morgen
iubere 6; 14	befehlen	manere 5; 16	bleiben
iudex 11	Richter	manus 13	1. Hand 2. Schar
iudicare 24	urteilen; beurteilen	mare 17	Meer
iudicium 11	1. Gericht 2. Gerichtsverhandlung 3. Urteil	maritus 19	Ehemann; Gatte
		mater 18	Mutter
iurare 12	schwören	materia 26	Stoff; Material
ius 11	Recht	maximus 22	der größte; am größten; sehr groß
iussu 13	auf Befehl		
iustitia 22	Gerechtigkeit	medicus 1	Arzt
iuvenis 11	junger Mann	medius 15	der mittlere; Mittel-
		melior 27	besser
labor 1	Arbeit; Mühe	memoria 7	Gedächtnis; Andenken
laborare 1	arbeiten	mens 12	1. Verstand 2. Gesinnung
laetus 2	froh; fröhlich		
laudare 2	loben	mensa 28	Tisch; Mahlzeit
lectio 28	Lesen; Lektüre	mercator 1	Kaufmann
lectus 4	Bett; Liege	meritum 20	Verdienst
legere 12; 21	1. lesen 2. sammeln	metuere 9	fürchten
legio 9	Legion	metus 13	Furcht
leo 8	Löwe	meus 10	mein
lex 10	Gesetz	miles 9	Soldat
libenter 2	gern	mille 28	tausend
liber 15	frei	minime 5	keineswegs; gar nicht
liberare 4	befreien	minimus 27	der kleinste; am kleinsten; sehr klein
libertas 10	Freiheit		

Alphabetisches Verzeichnis der Vokabeln

minor 27	weniger; kleiner
miser 8	elend; arm
miserari 27	beklagen; bejammern
miseria 17	Elend
mittere 8; 17	schicken; lassen; freilassen
modo 23	1. gerade eben 2. nur
modus 15	1. Art und Weise 2. Maß
molestia 25	Ärger; Kummer; Last
monachus 28	Mönch
monasterium 28	Kloster
monere 17	ermahnen
mons 16	Berg
monstrare 7	zeigen
morbus 1	Krankheit
mores 24	(*meist:*) Charakter
mors 11	Tod
mortalis 18	sterblich; Sterblicher
mos 24	Sitte; Brauch
movere 12; 17	1. bewegen 2. beeindrucken
mox 17	bald; sogleich
multi 2	viele
multitudo 23	Menge; Volksmenge
multum 21	viel; sehr
munus 22	1. Pflicht; Aufgabe 2. Geschenk
murus 1	Mauer
nam 3	denn
-nam (*angeh.*) 24	denn; bloß
narrare 9	erzählen
nasci 27	1. geboren werden 2. entstehen
natura 22	Natur
natus 12	geboren
navigare 3	segeln; fahren (mit dem Schiff)
navis 17	Schiff
ne 20	damit nicht; daß nicht
-ne (*angeh.*) 5	(*Fragezeichen*)
necare 10	töten
nefastus 20	unheilvoll; verboten
negare 12	1. sich weigern 2. verneinen 3. sagen, daß nicht
negotium 17	Geschäft; Handel
nemo 11	niemand
neque 6	und nicht; aber nicht; auch nicht
neque...neque 6	weder ... noch
nihil 11	nichts
nimius 24	1. sehr groß 2. zu groß
nisi 12	1. wenn nicht 2. außer
nobilis 18	1. berühmt; bekannt 2. adlig
noctu 26	bei Nacht; nachts
nolle 24	nicht wollen
nomen 7	Name
non 1	nicht
non iam 6	nicht mehr
non modo... sed etiam 13	nicht nur...sondern auch
nondum 23	noch nicht
nonne 9	etwa nicht?
nonnulli 11	einige
nonus 4	der neunte
noster 10	unser
notus 25	bekannt
novem 14	neun
novus 5	neu
nox 26	Nacht
nullus 12	kein; keiner
num 5	etwa...?
numen 19	(göttliche) Macht; Gottheit
numerus 8	Zahl
numquam 22	niemals
nunc 6	nun; jetzt
nuntiare 9	melden
nuntius 9	1. Meldung 2. Bote
nusquam 25	nirgendwo
obesse 22	hinderlich sein; schaden
obses 13	Geisel
obsidere 13; 16	belagern
occultare 10	verbergen
occupare 18	1. besetzen 2. überfallen
occupatus 18	1. besetzt 2. beschäftigt
occurrere 26	entgegentreten; bekämpfen
oculus 12	Auge
odium 20	Haß
offerre 20	anbieten
officium 17	Pflicht; Pflichterfüllung
olim 15	einst

Alphabetisches Verzeichnis der Vokabeln

omen 18	(böses) Vorzeichen	per 1	durch
omnino 21	ganz und gar; überhaupt	perditus 17	vernichtet; verzweifelt
omnis 19	ganz; *im Pl.:* alle, alles	perfidia 14	Treulosigkeit; Verrat
opes 26	1. Reichtum 2. Macht	periculum 11	Gefahr
opinio 24	Meinung	perire 20	zugrunde gehen; untergehen
oppidum 7	Stadt; Kleinstadt		
opprimere 3	unterdrücken; bekämpfen; überfallen	pernicies 16	Verderben; Untergang
		perturbatio 24	Verwirrung
optare 24	wünschen	pervenire 18	hinkommen; gelangen
optimus 5	der beste; ein sehr guter	pes 23	Fuß
opus 7	Werk; Arbeit; Mühe	pessimus 24	der schlechteste; der schlimmste
oraculum 18	Orakel (Weisung eines Gottes)		
		petere 8; 10; 13	1. streben nach; erbitten 2. darauf zugehen
orare 5	1. reden 2. bitten		
oratio 16	Rede	philosophia 22	Philosophie
orator 2	Redner	philosophus 22	Philosoph
orbis 10	Kreis	pietas 19	Frömmigkeit; Pflichtgefühl
ordo 28	1. Ordnung 2. Rang; Stand		
		pila 11	Ball
oriri 26	entstehen; sich erheben	pirata 3	Pirat
ornare 13	schmücken; ehren	placere 3	gefallen
os 23	1. Mund 2. Gesicht	plebs 15	Volk; Volksmasse
otiosus 25	unbeschäftigt	plenus 11	voll
otium 25	freie Zeit; Muße	plus 24	mehr
		poeta 7	Dichter
pacare 19	1. unterwerfen 2. friedlich machen	ponere 4; 9; 13	1. setzen 2. stellen 3. legen
paene 13	fast; beinahe	pons 13	Brücke
par 27	gleich; gleichwertig	populus 2	Volk
parare 3	bereiten; zubereiten	porta 8	Tor; Tür
paratus 13	bereit; entschlossen	portare 2	tragen
parere 12	gehorchen	portus 17	Hafen
pars 11	1. Teil 2. Richtung 3. Seite	poscere 23	fordern; verlangen
		posse 15	können
parum 25	1. wenig 2. zu wenig	post 3	nach; danach; später
parvus 2	klein	postea 21	später
patefacere 21	öffnen; freimachen	postquam 11	nachdem
patefieri 21	geöffnet werden	postulare 23	fordern
pater 10	Vater; (*Pl.*) Senatoren	potest 12	er (sie, es) kann
patere 16	offenstehen; sichtbar sein	potestas 17	Macht; Gewalt
pati 26	leiden; erdulden	praebere 14	geben; zeigen
patria 3	Vaterland; Heimat	praecipue 22	besonders
pauci 9	wenige	praeclarus 14	hochberühmt
pauper 26	arm	praedicere 19	vorhersagen; prophezeien
pax 13	Friede; Friedensvertrag	praemium 22	Belohnung
pecunia 6	Geld	praesidium 17	Schutz
pecus 22	Vieh (Schaf; Schwein)	praestare 20	1. (*m. Dat.*) voranstehen 2. (*m. Akk.*) verrichten; zeigen; leisten
peior 27	schlechter		
pellere 14	1. schlagen 2. vertreiben		

praeter 20	außer	quasi 14	gleichsam; als ob
praeterea 20	außerdem	-que *(angeh.)* 4	und
primo 17	anfangs; zuerst	quem? 1	wen?
primus 5	der erste	queri 26	beklagen; sich beklagen
princeps 20	der erste; Anführer	qui 22	(irgend)ein
prior 28	1. der vordere; der frühere 2. Abt	qui 8	der, welcher (*Relativpr.*)
		quid? 5	was?
privatus 20	privat; Privatmann	quidam 21	1. jemand 2. irgendein 3. ein
pro 11	1. für 2. anstelle von		
procul 15	weit; in der Ferne	quidem 5	jedenfalls; wenigstens
prodere 21	1. überliefern 2. verraten	quin etiam 19	ja sogar
proelium 14	Schlacht; Kampf	quis? 1	wer?
proferre 27	1. vorwärtstragen 2. herbeibringen	quo 16	wohin?; wohin
		quo usque? 16	wie weit? wie lange noch?
proficisci 28	aufbrechen; vorrücken	quod 11	da; weil
progredi 26	vorrücken; fortschreiten	quod *(fakt.)* 15	daß
promittere 16	versprechen	quoque 28	auch
prope 10	nahe (bei); in der Nähe; fast		
		rapere 14	rauben; reißen
properare 4	schnell gehen; sich beeilen	ratio 24	1. Berechnung 2. Vernunft 3. Art und Weise
propinquus 13	1. benachbart 2. verwandt; der Verwandte	recedere 25	zurückweichen; sich zurückziehen
propitius 22	gnädig; geneigt	recipere 18	annehmen; aufnehmen
propter 13	wegen	recordari 26	sich erinnern
prosperus 24	günstig; erwünscht	recreari 28	sich erholen; ausruhen
providere 17	1. *(m. Akk.)* vorhersehen 2. *(m. Dat.)* sorgen für	rectus 24	richtig
		reddere 14	1. zurückgeben 2. machen zu
provincia 3	Provinz	redire 9	zurückgehen; zurückkehren
publicus 6	öffentlich		
puer 14	Junge	referre 17	1. zurückbringen 2. berichten
pugna 8	Kampf		
pugnare 6	kämpfen	regere 22	regieren; lenken
pulcher 8	schön	regina 18	Königin
pulvis 21	Staub	regnare 10	regieren
punire 11	bestrafen	regnum 19	Reich; Herrschaft
purgare 21	säubern	regula 28	Regel; Richtschnur
putare 5	1. glauben; meinen 2. halten für	religio 12	1. Religion 2. Gottesfurcht
		relinquere 15	1. verlassen 2. zurücklassen
quaerere 1; 18	1. suchen 2. fragen (nach)	remedium 23	Heilmittel; Arznei
		repugnare 15	Widerstand leisten
quaestor 21	Quaestor	res 6	Sache
quam 9	1. wie 2. als *(nach Vergleich)*	res publica 6	Staat; Republik
		resistere 25	1. sich widersetzen 2. stehenbleiben
quamdiu 16	1. wie lange? 2. solange wie		
		respondere 5; 10; 13	antworten
quamquam 11	obwohl		
quando? 16	wann?		

Alphabetisches Verzeichnis der Vokabeln

restituere 13	wiederherstellen; zurückgeben	socius 6	Bundesgenosse; Verbündeter
rex 6	König	solitudo 27	Einsamkeit; Einöde
ridere 23	lachen	solum 7	allein; nur
Romae 20	in Rom	solus 27	allein; als einziger
Romam 5	nach Rom	solvere 18	1. lösen 2. einlösen
		somnus 23	Schlaf
sacer 10	heilig; unantastbar	sordidus 24	schmutzig; gemein
sacerdos 12	Priester(in)	sors 21	Schicksal; Los
saeculum 12	1. Jahrhundert 2. Zeitalter	spargere 23	streuen; besprengen
		spectaculum 8	Schauspiel
saepe 2	oft	spectare 7	betrachten
salubris 23	heilsam	spectator 8	Zuschauer
salus 6	Rettung; Wohlergehen	sperare 16	hoffen
salutare 2	grüßen; begrüßen	spes 6	Hoffnung; Erwartung
salvere 5	gesund sein	stare 6; 16	stehen
sanctus 27	heilig; unverletzlich; gewissenhaft	statim 9	sofort
		status 25	Zustand
satis 25	genug	strepitus 26	Lärm
scelus 16	Verbrechen	studium 25	Bemühung; Studium
scire 6	wissen	stultus 12	dumm; töricht
scribere 21	schreiben; zeichnen	suadere 23	(zu)raten; empfehlen
se 9	sich	sub 4	unter
secundum 24	1. entlang 2. gemäß; nach	subito 9	plötzlich
		summus 21	der höchste
secundus 15	der zweite; günstig	sumptus 20	Kosten; Aufwand
sed 3	aber; sondern	superare 9	1. überwinden 2. übertreffen
sedere 10; 16	sitzen		
semper 6	immer	superesse 9	übrig sein; überleben
senator 2	Senator	surgere 4	aufstehen
senatus 13	Senat	suus 14	sein; ihr
senex 12	1. alter Mann 2. alt		
senior 28	älter	taberna 26	1. Werkstatt 2. Gaststätte
sententia 22	Meinung; Ausspruch	tabula 7	Tafel
sepulcrum 21	Grab; Grabmal	tacere 10	schweigen
sequi 27	folgen	talis 21	solch ein; derartig
servare 7	1. bewahren 2. retten	tamen 11	dennoch; trotzdem
servire 24	1. dienen 2. Sklave sein	tandem 4	endlich
servitus 24	Knechtschaft; das Sklavendasein	tangere 14	berühren
		tantus 13	so groß
servus 1	Sklave; Diener	telum 13	Geschoß; Waffe
severus 25	streng; ernst	tempestas 10	1. Wetter 2. Unwetter; Gewitter
sextus 26	der sechste		
si 11	wenn	templum 7	Tempel
signum 8	Zeichen; Feldzeichen	tempus 7	Zeit
silentium 28	Schweigen; Ruhe	tenere 13	halten; festhalten
silva 4	Wald	terra 10	1. Land 2. Erde
sine 13	ohne	terrere 12	in Schrecken versetzen; einschüchtern
situs 18	gelegen; liegend		

191

Alphabetisches Verzeichnis der Vokabeln

terror 9	Schrecken	valere 24	1. gesund sein; stark sein 2. gelten
tertius 4	der dritte		
testamentum 20	Testament	vanitas 23	1. Eitelkeit 2. Mißerfolg
theatrum 7	Theater	vastare 27	verwüsten
timere 1	fürchten	vel 7	oder; sogar
timor 3	Furcht	velle 24	wollen
tolerare 14	ertragen	velocitas 26	Schnelligkeit
tollere 15	1. aufheben 2. beseitigen	vendere 3; 16	verkaufen
		venire 2; 14	kommen
totus 10; 15	ganz	verbum 12	Wort
trahere 4; 24	ziehen; schleppen	vereri 27	1. fürchten 2. sich scheuen
tranquillitas 24	Ruhe; Frieden		
transire 27	überschreiten; hinüberfahren	versari 26	sich aufhalten
		versus 21	Vers
transitus 26	Durchgang; Durchfahrt; Verkehr	vertere 14	wenden
		verus 22	wahr; wahrhaft
tres 20	drei	vesper 28	Abend
tribuere 25	zuweisen; zuteilen; widmen	vester 12	euer
		vetare 20	verbieten
tribunus 15	Tribun	vetus 24	alt
tristis 19	traurig	vexare 13	quälen; plagen
tristitia 19	Trauer; Traurigkeit	via 2	Weg; Straße
tum 2	dann; darauf	vicinus 5	Nachbar; benachbart
tumultus 20	Aufruhr; Tumult	victor 2	Sieger
tunc 25	dann; damals	vicus 5	Dorf
turba 24	Menge; Schar	videre 1; 14	sehen
tutus 27	sicher	videri 12	scheinen
tuus 12	dein	vigilare 3	wachen; wachsam sein
		viginti 28	zwanzig
ubi (*m. Ind. Perf.*) 13	sobald	villa 2	Haus; Landhaus
		vincere 8; 14	siegen; besiegen
ubi 1	wo?; wo	violentia 26	Gewalt
ullus 22	irgendein	vir 8	Mann
ultimus 14	der letzte	virgo 13	Mädchen
undique 21	von allen Seiten; ringsum	virtus 8	Tapferkeit; Tüchtigkeit
		vis 14	Kraft; Gewalt
unus 15	einer	visitare 2	besuchen
urbs 10	Stadt	vita 4	Leben
usquam 25	irgendwo	vitium 14	Fehler; Laster
usque 16	bis; bis ... zu	vivere 15	leben
ut (*m. Ind.*) 12	wie	vix 25	kaum
ut (*m. Konj.*) 20	1. damit; daß 2. so daß	vocare 1	1. rufen 2. nennen
		volare 11	fliegen
uti 27	gebrauchen; benutzen	voluntas 22	Wille; Absicht
utilis 28	nützlich	voluptas 22	Freude; Vergnügen; Lust
		volvere 23	wälzen; rollen
vacare 28	frei sein	vox 14	Stimme
vacuus 26	leer; frei (von)	vulnus 7	Wunde
valde 8	sehr	vultus 14	Gesichtsausdruck; Miene

Alphabetischer Index zur Grammatik

Die Zahlen verweisen auf die Lektion

a-Deklination 1
a-Konjugation 1
Abhängige Frage 28
Abhängige Rede 28
Ablativ
  comparationis 27
  instrumenti 4
  loci 4
  loci bei Städtenamen 19
  mensurae 27
  modi 4
  separativus 4
  sociativus 4
  temporis 4
ablativus absolutus 21
AcI 6
Adjektive
  a-, o-Deklination: -us 2; -r 8
  i-Deklination 18
  im n. Pl. 7
Adverbiale Bestimmung 2
Adverbienbildung aus Adj. 24
Akkusativ
  Sg. 1; Pl. 2
  der Ausdehnung 4
  doppelter Akk. 5
Akkusativobjekt 1
Aktiv 1
Alliteration 15; 16
AmP 21
Anapher 13; 15; 16
Antithese 15; 16
Apposition 3
Attribut 2

Chiasmus 12

Dativ
  commodi 3
  finalis 6
  possessivus 3
Dativobjekt 3
Dehnungsperfekt 14

Deponentien 26
Doppelter Akkusativ 5
e-Deklination 6
e-Konjugation 1
ferre u. Komp. 15
fieri 20
fore 16
Futur I 16
Futur II 28

Gemischte Deklination: civis; urbs 10
Genitiv
  als Attribut 3
  explicativus 20
  obiectivus/subiectivus 3
  partitivus 11
  qualitatis 14
  possessivus 3
  des Demonstrativpr. als Poss. 15
Gerundium 17
Gerundivum 22
Gliedsätze
  mit Indikativ 11
  mit Konjunktiv 20

historisches Perfekt 9
historisches Präsens 23

i-Konjugation 2
Imperativ 5
Imperfekt 10
Infinitiv
  Präs. 1; Perf. 9; Fut. 16
Infinitivus historicus 23
Interrogativpronomen 1
ire u. Komp. 7
Irrealis der Vergangenheit 25

KNG-Kongruenz 2
Komparativ 27
Konjunktionalsatz
  mit Indikativ 11
  mit Konjunktiv 20

Konjunktiv
   Präsens (I), Imperfekt (II) 20
   Plusquamperfekt 24
   im Hauptsatz und Gliedsatz 20
   im Relativsatz 26
konsonantische Deklination: -or 1
   salus, rex, homo 6
   Neutrum 7

Litotes 7

malle 25

nd-Formen
   Gerundium 17
   Gerundivum 22
ne im Finalsatz 20
Neutra der o- u. der kons. Dekl. 7
nolle 24
Nominativ Sg. 1; Pl. 2

o-Deklination: -us 1; -r 8
   Neutrum 7
Objekt 1
Parallelismus 17
Partizip
   Futur: im AcI 16
   Perfekt Passiv 13
   Perfekt als PC 19
   Präsens Aktiv 23
   Präsens als PC 23
Passiv
   Perfekt 13
   Präsens, Imperfekt 12
Plusquamperfekt 24
Perfekt
   Aktiv 9; 14
   Passiv 13
Person
   3. Sg. 1; 3. Pl. 2
   1. u. 2. Sg. u. Pl. 5
Personalpronomen 5
Plusquamperfekt
   Indikativ 24
   Konjunktiv 25
posse 15
Possessivpronomen 10; 12
PPP als Particip. coni. 19
Prädikat 1
Prädikativum 8
Prädikatsnomen 1

Präpositionen 1
Präsens Aktiv 1
Präsens historicum 23
Pronomen
   aliquis 6
   hic 24
   idem 24
   ille 23
   ipse 25
   is 15
   Personalpr. 5
   Possessivpr. 10; 12
   qui (enkl.) 22
   quidam 21
   quis? 1; quid? 5
   Reflexivpronomen 14
   Relativpronomen 8
   ullus 22

Reduplikationsperfekt 14
Reflexivpronomen im AcI 14
Relativischer Anschluß 10
Relativpronomen 8
Relativsatz
   mit Indikativ 8
   mit Konjunktiv 26
s-Perfekt 14
salus, rex, homo 6
Semideponentien 27
Stammperfekt 9
Steigerung 27
Subjekt 1
Superlativ 27

u-Deklination 13
u-Perfekt 9
ut mit Konjunktiv (fin., kons.) 20

v-Perfekt 9
velle 24
Vokativ 5
Vorzeitigkeit in der Zukunft 28

Zahlwörter 27; 28
Zeitverhältnis
   beim AcI 9
   beim PC 19; 23
   beim AmP 21; 23

Zeittafel zur römischen Geschichte

vor Chr.

1200 – 1000	Einwanderung von Indoeuropäern in Italien
vor 800	Auftreten der Etrusker in der heutigen Toscana
753	(Legendäres Datum der) Gründung Roms
510	Der letzte der sieben (legendären) Könige Roms, der Etrusker Tarquinius Superbus, wird vertrieben; Rom wird Republik.
507	Lars Porsenna, König der Etruskerstadt Clusium, belagert Rom.
450	Zwölftafelgesetz: erste Aufzeichnung des römischen Rechts
387	Kelten fallen in Italien ein; Belagerung des Kapitols
367	Plebejer erhalten Zutritt zum Konsulamt; danach allmähliche politische Gleichstellung von Patriziern und Plebejern
ab 340	Expansion Roms in Mittel- und Unteritalien; Kriege mit den Samniten
272	Rom beherrscht Mittel- und Unteritalien.
264 – 241	1. Punischer Krieg gegen Karthago; Sizilien wird erste römische Provinz.
218 – 202	2. Punischer Krieg gegen Hannibal
200 – 146	Rom greift militärisch im östlichen Mittelmeer ein; Kriege gegen Makedonien und Syrien
168	Sieg über Makedonien in der Schlacht bei Pydna
148	Makedonien wird römische Provinz.
149 – 146	3. Punischer Krieg, endet mit Zerstörung Karthagos; Einrichtung der römischen Provinz Africa
133	Tiberius Gracchus scheitert mit Reformgesetzen.
113 – 101	Die germanischen Kimbern und Teutonen dringen in Italien ein.
91 – 89	„Bundesgenossenkrieg": die römischen Bundesgenossen in Italien erkämpfen Gleichberechtigung als römische Bürger.
88	Mithridates, König von Pontus (am Schwarzen Meer), greift die Provinz Asia an.
82 – 79	L. Cornelius Sulla Diktator in Rom
63	M. Tullius Cicero Konsul; Putschversuch Catilinas
60	1. Triumvirat: Caesar, Pompeius, Crassus
58 – 51	Caesar erobert Gallien.
49 – 46	Caesar erringt im Bürgerkrieg die Alleinherrschaft.
44	Ermordung Caesars an den Iden des März (15. März)
43	2. Triumvirat: Antonius, Lepidus, Octavian (später: Augustus); Cicero wird geächtet und ermordet.
42	Octavian und M. Antonius besiegen die Caesarmörder bei Philippi.
31	Octavian besiegt M. Antonius bei Actium; Octavian wird Alleinherrscher in Rom.
27	Octavian erhält den Titel „Augustus"; die Republik wandelt sich zum „Prinzipat"; Beginn der Kaiserzeit

nach Chr.

9	Varusschlacht (Schlacht im Teutoburger Wald), Untergang von drei Legionen; Rhein und Donau bleiben die Grenze zwischen Römern und Germanen.
14	Tod des Augustus
	Seine Nachfolger aus der Familie der Julier und Claudier sind:
14 – 37	Tiberius
37 – 41	Gaius, genannt „Caligula"
41 – 54	Claudius
54 – 68	Nero (gestürzt 68)
	Es folgen Kaiser aus der Familie der Flavier:
69 – 79	Vespasianus
79 – 81	Titus
81 – 96	Domitianus
96 – 180	„Adoptivkaiser" (der regierende Kaiser adoptierte seinen Nachfolger aus der Reihe der Senatoren); z.B.
98 – 117	Trajan; größte Ausdehnung des Römischen Reiches
117 – 138	Hadrian
250	Große Christenverfolgung unter Kaiser Decius; Bau einer Mauer um die Stadt Rom zum Schutz gegen Germanen
313	Das Christentum wird als Religion geduldet.
324 – 337	Kaiser Konstantin der Große; erster christlicher Kaiser
330	Konstantin verlegt die Hauptstadt des Reiches nach Byzanz (Konstantinopel).
391	Kaiser Theodosius erklärt das Christentum zur Staatsreligion.
395	Teilung des Reiches in Westrom (Hauptstadt Rom) und Ostrom (Hauptstadt Konstantinopel)
410	Westgoten unter Alarich plündern Rom.
476	Der letzte weströmische Kaiser Romulus wird von Germanen abgesetzt; Ende des weströmischen Reiches
529	Benedikt gründet das Kloster Montecassino in Unteritalien.
800	Der Frankenkönig Karl der Große wird in Rom durch den Papst zum Kaiser gekrönt.
1453	Konstantinopel wird von den mohammedanischen Osmanen erobert; Ende des oströmischen Reiches